KB164002

청소년들의 진로와 직업 탐색을 위한
잡프러포즈 시리즈 47

스포츠 매니아들의 꿈의 직장
프로야구프런트

청소년들의 진로와 직업 탐색을 위한
잡프러포즈 시리즈 47

스포츠 매니아들의 꿈의 직장

프로야구 프런트

차명석 지음

TaLK SHOW

야구가 가장 위대한 점은
매일 위기가 존재한다는 것이다.

- 게이브 폴, Gabe Paul -

우리의 방식을
굳이 남에게 설명하려고 하지 마.
누구에게든.
문제의 핵심은 그게 아니야.
우리가 고민해야 할 문제는
이 방법을 믿느냐 안 믿느냐 하는 거야.

- 영화 〈머니볼〉 중에서 -

C·O·N·T·E·N·T·S

C·O·N·T·E·N·T·S

프로야구 단장 차명석의 프러포즈

청소년 여러분 안녕하세요?

저는 LG 트윈스의 야구 단장 차명석입니다. 사람들은 프로야구프런트에 대해 매우 궁금해하고 관심이 많은 것 같아요. 저에게 어떻게 하면 야구단 프런트에 들어갈 수 있냐는 문의를 하는 팬들도 있어요. 아마도 일을 하면서 매일 야구를 볼 수 있다는 점에서 관심을 갖는 것 같아요. 물론 그런 면은 프로야구프런트의 장점이지만 나름의 고충이 있는 직업이에요. 경기 결과에 따라 받는 스트레스가 만만치 않기 때문이죠. 그리고 프런트의 수가 많지 않다 보니 개개인의 업무량도 많은 편이에요. 하지만 스포츠를 좋아하는 사람이라면 선수들이 느끼는 현장의 희열을 맛볼 수 있다는 점에서 상당한 만족감을 느낄 수 있는 멋진 직업이에요.

KBO 리그는 10개 구단으로 구성되어 있고, 구단마다 프런트가 40~50명이 일하고 있어요. 리그 전체적으로 보면 약 500여 명이 프런트로 활동하고 있는 거죠. 많은 인원은 아니에요. 그렇다 보니

상시 채용은 거의 없고, 결원이 생길 때마다 채용을 하기 때문에 일반인들이 입사하기에 쉽지 않게 느껴질 것 같아요.

프런트의 업무는 크게 네 가지로 구분돼요. 선수단 관련 업무를 하는 운영팀(운영, 육성, 스카우트, 분석), 홍보팀, 마케팅팀(이벤트, 영업), 경영기획팀(인사, 재무, 총무) 등으로 분류할 수 있어요. 각 팀은 일하는 방식이 달라서 색다른 느낌이 있어요.

프런트들이 가장 선호하는 직무로는 선수단 관련 업무를 하는 운영팀을 꼽을 수 있어요. 흔히 '프런트의 꽃'이라고 불리기도 해요. 스타 야구선수들을 가깝게 볼 수 있고, 그들과 대화를 할 수 있다는 점이 매력이죠. 선수들과 함께 움직이기에 만족감도 높아요. 하지만 선수단 일정대로 움직이다 보니 자기 생활에 제약이 있어요. 일정 관리를 잘해야 해요. 스카우트팀은 선수단 전력 구성을 위해 매우 중요한 팀이에요. 회사에 출근하는 시간보다 아마추어 경기를 보면서 선수들을 확인하는 시간이 더 많아요. 시합이 없는 날에는 고등학교나 대학교에 가서 선수 정보를 수집하곤 하죠. 여기서 좋은 유망주를 발굴해 프로야구 스타로 성장하게 되면 스카우트(scout)로서의 보람을 느끼게 돼요. 홍보팀은 야구단의 이미지와 브

랜드 관리를 위해 무엇보다 중요해요. 언론을 상대해야 하기에 스트레스 또한 만만치 않아요. 하지만 언론에 우리 선수들의 좋은 기사가 나오고, 그로 인해 회사 이미지가 좋아지면 성취감이 높아지는 장점이 있어요. 마케팅팀은 야구단의 행사, 이벤트, 광고 등 구단의 수입이 되는 일들을 해요. 팬을 확보하기 위한 노력을 많이 하는 부서예요. 경영기획팀은 예산을 관리하는 부서로 구단 운영이 어떻게 돌아가고 있는지 알 수 있어요. 어느 회사든 예산을 다루는 부서는 중요하기에 경험해 보면 다른 보직을 맡았을 때 상당한 도움이 돼요.

스포츠를 좋아해서 프런트를 꿈꾸는 청소년 여러분!
저는 이 직장이 스포츠를 좋아한다면 꿈의 직장이라고 생각해요. 물론 어려움은 있어요. 매번 승패에 따라 분위기가 달라지기 때문에 인내심도 있어야 하며, 직업의식도 투철해야 해요. 하지만 프로야구프런트를 꿈꾼다면 다양한 경험과 스포츠를 사랑하는 마음을 유지하면서 이 세계에 한 번 도전해 보세요. 후회하지 않을 거예요. 항상 청소년 여러분의 건승을 기원하겠습니다.

프로야구프런트는 야구의 현장감을 느낄 수 있어요.

첫인사

편 – 토크쇼 편집자

차 – 프로야구프런트 차명석

📕 먼저 자기소개 부탁드려요.

📗 안녕하십니까. 현재 LG 트윈스의 야구 단장을 맡고 있는 차명석입니다.

📕 프로야구 선수 출신이신데 프런트를 하게 된 계기가 있을까요?

📗 네. 말씀하신 대로 저는 선수로 처음 LG 구단에 입단했어요. 사실 프런트 업무를 한다는 건 선수가 아닌 일반 직장인으로 입사를 하는 걸 말하죠. 저는 프로야구 선수 생활을 하고, 은퇴 후 해설자로 방송도 했고, 지도자 생활도 했어요. 그런데 요즘 한국 프로야구 트렌드가 야구인 출신이 단장으로 현장에 나서야 하지 않나 하는 부분의 논의가 힘을 얻고 있어요. 이런 트렌드를 반영해서 구단이 저를 선택했다고 생각해요. 제의를 받고 나서 저도 굉장히 고민을 많이 했어요. 선수와 지도자로 현장에만 있다가 프런트 일을 한다는 것이 저에게도 약간 생소하거든요. 그래서 한 3일간 고심하다가 결국은 맡게 됐죠.

📕 고심한 이유는 무엇 때문인가요?

📗 '잘할 수 있을까?'라는 부분에서 고민한 거죠. 프런트를 밖에

서만 봤지, 행정 업무 등 직접 안에서 하는 일들을 한 번도 해본 적이 없기 때문에 잘할 수 있을까에 대한 의문이 굉장히 많았어요. 그 의문에 대한 답을 며칠간 내리지 못해서 고심을 했죠. 그런데 결국 야구 행정이라는 것도 전문가가 가서 현장에 도움을 줄 수 있다면 한 번 해볼 수 있지 않을까 하는 긍정적인 생각으로 결심을 하게 됐어요.

🔲 단장을 수락하시면서 제일 먼저 염두에 둔 것이 있다면 어떤 것인가요?

🔲 팬의 반응, 구단의 기대, 그리고 성적에 대한 의문점 등에 대한 생각이 많았어요. 단장이라면 사실상 현장을 도와주면서 성적과 마케팅 두 마리 토끼를 다 잡아야 하는데 잘할 수 있을까 하는 걱정이 가장 컸죠. 그 부분에 대한 고민을 집중적으로 했어요.

🔲 비교적 이른 나이에 선수 은퇴를 하셨는데 특별한 이유가 있나요?

🔲 저는 은퇴를 할 타이밍이 아니었는데 이상한 시기에 은퇴를 하게 됐어요. 보통 구단에서 선수를 내보낼 때는 시기적으로 10월 중순쯤에는 알려주는 것이 일반적이에요. 왜냐하면 모든 구단은

해마다 11월 25일에 다음 시즌에 활동할 선수와 보류 선수 명단을 KBO(한국야구위원회)에 제출하게 되어 있거든요. 만약 내보내는 선수가 있다면 다른 팀으로 이적할 수 있는 시간을 확보할 수 있도록 한 달 전쯤에는 미리 그 사실을 알려주는 것이 암묵적인 룰이에요. 11월 24일까지는 이적을 해야 하니까요.

다른 운동도 마찬가지이지만 야구도 같은 팀에 포지션이 겹치는 선수가 많으면 아무래도 시합에 출전하는 빈도가 적어지겠죠. 하지만 A팀에서는 쓰임이 적은 선수라 할지라도 B팀에서는 필요한 선수일 때가 있거든요. 그런 경우를 고려해서 10월 무렵에는 계약 여부를 알려줘야 해요. 11월이 됐는데도 구단에서 저에게 아무 얘기가 없더라고요. 그래서 당연히 내년에도 여기서 야구를 하는구나 하고 생각했죠.

당시 KBO에 선수 명단을 제출하는 날인 11월 25일이 일요일이었어요. 그런데 저는 11월 26일 월요일에 방출 통보를 받았어요. 제가 지금은 단장을 맡고 있지만, 이건 구단 행정상 완전 소송감인 거예요. 그렇게 해서는 안 되거든요. 일반 회사에서도 직원을 해고할 때는 서면 통지와 유예 기간 등의 절차가 있잖아요. 그런데 저는 선수 명단을 제출하는 기간을 넘긴 후에 통보를 받아서 아예 다른 팀을 갈 수 없게 된 거죠.

편 그런 전례가 있었나요?

차 없죠. 나중에 알아보니까 팀에 유지해야 한다는 쪽과 내보내야 한다는 쪽의 의견이 갈렸었다고 하더라고요. 현장과 프런트와의 견해 차이었던 거죠. 이런 이견으로 결정 시간이 점점 미뤄졌고, 11월이 되자 그냥 내보내면 안 되니까 트레이드(Trade: 스포츠팀 간 선수들을 맞바꾸는 이적 방법)를 하는 게 좋겠다 해서 트레이드 카드를 맞추면서 시간은 더 흘러가게 됐어요. 그렇게 허망하게 시간이 흘러서 결국 명단을 제출하는 날까지 결정이 되지 않고 피해를 입게 된 거죠.

게다가 더 당황했던 게 통보를 받은 11월 26일 오전에 제가 결혼한다는 기사가 발표되고, 바로 오후에 방출됐다는 기사가 나온 거예요. 저는 괜찮다고 하더라도 처가에 얼마나 죄송한 일이에요. 딸이 결혼하는데 사위가 백수가 됐다는 거잖아요. 너무 민망하고 면목이 없었어요.

그때의 충격은 정말 뭐라 말할 수 없을 정도로 컸어요. 제가 노트에 메모하는 걸 좋아하고 어릴 때부터 일기를 써서 1년에 한 권씩 일기장을 만들고 있어요. 그때 이후 지금까지 20여 년간 일기장의 첫 장에는 똑같은 글귀를 써 놨어요.

"2001년 11월 26일, 잊지 말자. 그날을!"

이제 20년이 좀 넘었네요. 마음을 다잡기 위해서 제 모든 노트의 첫 페이지에는 이 문구를 항상 써 놨어요. 그만큼 앞으로는 이런 수모를 당하지 않겠다는 각오로 스스로를 채찍질하면서 살았어요.

📭 당시 프런트에 대한 감정이 좋지 않았을 것 같아요.

📭 화가 굉장히 많이 났죠. 어떻게 이런 어처구니없는 행정을 할 수 있었는지 모르겠어요. 프로선수들은 구단이 방출하는 것에 대해서는 다 이해하고 있어요. 프로이기 때문에 실력이 안 되거나, 팀에 도움이 되지 않는다면 당연히 나가야 하는 거라고 생각해요. 단순히 방출되는 것으로는 구단과 대립각을 세우지 않아요. 하지만 적어도 사람을 보낼 때는 예우를 갖춰서 보내야 하고, 또 다른 팀으로 갈 수 있는 시간적 여유를 주는 게 맞는 거죠. 이건 말이 안 되잖아요. 그래서 처음에 많이 힘들었는데 이것도 어차피 내가 받아들여야 하는 부분이다, 나는 이렇게 하지 말자는 생각을 하면서 마음을 다스렸어요.

📭 은퇴 후에 해설위원으로 활동하셨는데 그 계기가 궁금해요.

📭 결혼하자마자 선수 생활을 은퇴한 셈이라 당시 너무 힘들었어요. 선수들은 겨울이면 해외로 전지훈련을 가는데 저는 집에 있어

야 하잖아요. 선수 생활을 하면서 한 번도 쉬어본 적이 없는데 할 일이 없으니 그것도 고역이에요. 그렇게 생활한 지 일주일 정도 됐을 때 아내가 그러더라고요. 돈은 안 벌어도 되니까 그냥 좀 나가라고요. 당시 제가 서초동에 살았는데 아내가 나가라고 해서 밖으로 나오긴 했는데 갈 데가 없는 거예요. 다른 선수들은 다 전지훈련 하고 있을 때라 만날 사람도 없고요. 한겨울인 1월이라 밖에서 보낼 수도 없어서 어딜 가나 하다고 집 근처에 있는 국립중앙도서관을 보게 됐어요.

그때부터 아침 먹고 9시에 도서관으로 출근해서 6시에 퇴근하는 생활을 두 달 정도 했어요. 아침에 2,000원 챙겨서 도서관에 가서 책 읽다가 점심때가 되면 매점에서 컵라면 하나로 때우고 6시까지 또 책을 읽는 거죠. 하루 종일 책만 읽었어요. 그런 생활을 두 달째 하고 있었는데 어느 날 허구연* 해설위원이 연락을 하셨어요. MLB 해설위원을 해보는 게 어떻겠냐고 하시더라고요. 그 제안을 받아서 시작하게 됐어요. 2002년부터 2003년까지 'MBC 스포츠'에서 메이저리그 해설위원을 맡으면서 처음 방송을 하게 됐죠.

----

* 허구연 : 야구 해설자. 1978년 동아방송에서 실업야구 중계로 야구 해설을 시작했으며, 1982년 KBO 리그 원년이 되면서 MBC에서 해설을 진행해 현재까지도 MBC 및 MBC 스포츠플러스에서 해설가로 활동하고 있다. 30년 가까이 해설위원으로 활동하면서 특유의 말투로 유명하다.

편 해설가로 활동하실 때 특이한 어록으로 야구팬에게 많은 재미를 선사하셨는데 해설은 어떠셨나요?

차 아주 어려웠어요. 제가 메이저리그 해설을 한다고 했을 때 주위 모든 사람들이 반대했어요. 바보 된다고 하면서 말렸죠. 일단 선수들을 모르잖아요. 메이저리그 선수도 모르고, 시스템도 모르는데 어떻게 해설을 하느냐는 거죠. 중계를 하려면 적어도 감독, 코치, 선수 이름은 외워야 하는데 당시는 제가 알기가 어려웠어요. MLB 사이트에 접속해서 확인하려고 해도 그때는 영어도 기초밖에 몰랐고 컴퓨터도 다룰 줄 몰랐죠. 다들 하지 말라고 하는데 그냥 맨땅에 헤딩한다는 심정으로 시작했어요.

야구 해설하는 건데 야구인이 해야지, 일반인이 할 수 있겠어? 뭐, 그런 마음으로 했는데 시작하자마자 바로 후회했어요. 자료가 다 영어라서 너무 어려워요. 영어를 못 하니까요. 밤새도록 공부한다는 말이 나한테도 적용될 수 있다는 것을 그때 처음 알았어요. 예를 들어, LA 다저스와 뉴욕 양키스가 시합을 하면 최소한 시합에 뛰는 선수들의 이름은 알고 있어야 해설을 할 수 있잖아요. 선수들과 감독 이름 확인하고, 지난 성적 뽑는 것만 하는데 한 번도 안 쉬고 8시간이 걸렸어요. 그것만 안다고 중계를 할 수 있는 것도 아니잖아요. 영어 자료 보면서 내용을 확인하려니까 너무 힘들더라고요.

세상의 모든 야구이야기

'MBC 스포츠'에서 메이저리그 해설위원을 맡았어요.

편 메이저리그 중계방송은 어디에서 했나요?

차 〈MBC 플러스〉가 운영하는 스포츠 전문 채널인 'MBC 스포츠'에서 방송했어요. 당시 여의도에 있던 문화방송 사옥 지하에 스튜디오가 있었죠. 거기서 녹화된 화면을 보면서 중계를 하는 거예요. 그래서 더 어렵기도 했어요. 현장에서 하는 해설이라면 현장 분위기 등의 얘기라도 할 텐데 화면만 보고 설명을 해야 하니까 더 힘들죠. 게다가 화면에 보이는 게 모두 영어예요. 하나부터 열까지 다 고생이었죠.

방송국에서 제공하는 자료도 다 영어였어요. MLB 사이트에서 자료를 추출해서 저에게 전달해 줬으니까요. 지금은 기록원이 옆에서 서포트하기 때문에 예전보다 쉽게 하는 거 같아요. 기록원이 전날 확인하고 미리 번역해서 해설위원에게 제공하니까 편한데 그때만 하더라도 제가 스스로 해야 했어요. 그 중계방송을 2년 했어요. 2년 동안 힘들고 어렵게 부딪히다 보니까 그만큼 내공도 생겼어요. 야구만 했던 철부지가 야구장 밖의 사회와 부딪히면서 생활한 게 지금의 자양분이 된 것 같아요.

편 해설위원 후에 코치도 하셨죠.

차 네. 2003년 시즌이 끝난 뒤에 LG 트윈스 투수코치로 선임됐어요. LG에서 코치를 오래 했어요. 꽤 오래 했어요. 2004년에 시작해서 2013년 수술할 때까지 계속했으니까요. 불펜, 재활, 육성군 투수코치 등 다양한 방면에서 코치 경력을 쌓았죠. 수술 후에 좀 쉬다가 2016년에 LG에 복귀해서 수석코치를 맡았어요. 그 후에 다른 팀인 kt 위즈에서 투수 육성 총괄코치를 맡기도 했고요. 현재는 단장 업무를 하고 있으니 1군 감독을 제외하고는 야구인으로 할 수 있는 일을 다 해봤다고 할 수 있죠.

편 선수 은퇴 후에 여러 가지 일을 하셨는데 가장 만족스러운 일은 무엇인가요?

차 코치가 제일 재미있어요. 일에 대한 만족도는 코치가 가장 높은 것 같아요. 하면 할수록 성취감이 있거든요. 선수와 같이 땀 흘리고 부딪히면서 선수들이 성장하는 과정을 지켜보는 게 좋아요. 그런데 사실 선수들이 말을 잘 안 들어요. 하지만 힘들어하는 선수들을 설득해서 훈련하게 하는 과정, 선수를 1군에 복귀시키는 과정, 스타로 만드는 과정 등에서 피드백이 바로바로 오니까 사람을 성장시킨다는 점에서 재미와 보람이 있어요.

반면에 또 정말 힘든 직업이 코치이기도 해요. 선수에게 치이고 감독에게 치이는 자리거든요. 선수가 잘못하면 감독은 코치에

2004년부터 LG 트윈스에서 투수 코치를 했어요. 수석코치를 맡기도 했죠.

게 개선을 요구하면서 훈련 많이 시키라고 하고, 선수는 훈련을 너무 많이 시킨다고 코치에게 화를 내는 거예요. 한마디로 선수와 감독 중간의 샌드위치인 셈이죠.

가장 편한 일을 꼽으라면 해설이에요. 재미도 있고 방송하는 시간 외에는 공부할 시간도 많아서 좋아요. 해설위원이라는 나름의 권위도 있어서 남들이 예우를 해주기도 해요. 하지만 개인적으로는 코치가 제일 재미있었어요.

편 프로야구프런트라는 직업을 청소년들에게 프러포즈하는 이유는 뭔가요?

차 일반 회사에 다니는 직원들은 회사가 성장한다는 걸 사실 피부로 느끼기가 어렵잖아요. 열심히 일을 하고 회사 매출이 좋아져서 성과급을 받게 되면 회사가 좀 커졌구나 하고 느끼는 정도겠죠. 그런데 스포츠단 프런트는 현장과 굉장히 밀접하게 움직여요. 우리 LG 트윈스를 예로 들면, 프런트들이 LG라는 회사에서 직장인의 일을 하는 것은 일반 회사원과 같지만, 저녁이 되면 스포츠의 열기를 직접 체감할 수 있다는 점에서는 다르거든요. 같이 웃고 같이 울 수 있는, 현장에서만 느끼는 그런 희열이 있어요. 프로야구프런트만의 만족감이 있어요.

또 프런트가 사전에 준비한 계획이 현장에서 잘 발현되어 성적이 좋아지면 명문 구단이 되는 것이고, 그러한 내용이 언론에 계속 노출되어 나타나는 일련의 과정에서 기쁨을 느끼게 되거든요. 현장감을 느끼는 업무를 하고 싶다면 스포츠단이 가장 좋은 거 같아요.

프로야구는 대중 스포츠로서 우리나라에서 가장 인기 있는 스포츠잖아요. 선수들에 대한 팬들의 사랑도 크죠. 사무실의 벽 하나만 넘으면 팀 내의 슈퍼스타와 같이 어울릴 수 있다는 사실만으로도 부러움의 대상이더라고요. 우리 직원들 얘기를 들어 봐도 친구들이 그렇게 부러워한대요. "너 혹시 김현수 선수 잘 아냐?"라고 물어볼 때면 어깨가 좀 올라가면서 "현수가 나한테 형이라고 불러. 오늘도 인사하고 갔어. 뭐 전화 통화 한 번 하게 해줘?" 이렇게 되는 거죠. 어떻게 보면 유치하지만 일반 기업에 근무하는 직장인은 느끼지 못하는 그런 감성이 있어요. 그러면서 "친필 사인볼 하나 갖다줘?"라고 할 수 있다는 것도 프로야구프런트만의 매력인 거 같아요.

편 야구를 좋아하는 사람이라면 특히 잘 맞겠네요.

차 그렇죠. 요즘에는 야구를 아주 좋아하는 사람인 경우에는 일

부러 대기업에서 스포츠단 직무를 선택하기도 해요. 예를 들어 삼성이나 LG에 입사한 후 계열사를 선택할 기회가 주어질 때 전자가 훨씬 연봉도 높고 대중이 선호하는 업종이지만 야구팬 입장에서 전자보다 스포츠단을 선택하겠다는 사람도 있다는 거죠. 실제로 이직 신청을 한 경우도 있었어요. 또 야구단에서 다른 계열사에 팀장급으로 모집 공고를 한 적이 있었는데 LG전자에서 팀장으로 근무하다가 여기로 온 경우도 있고요. 물론 저희는 그런 사람들을 소위 '미친놈'이라고 하죠.^^ 좋게 말하면 '덕후'라고 불리는 그런 사람들이 간혹 있어요. 두 달은 아주 행복해했죠.

프로야구
프런트의
세계

하루 일과가 궁금해요

편 하루 일과가 궁금해요.

차 일과는 시즌과 비시즌이 달라요. 시즌에는 야구 경기가 오후 6시 30분에 시작하기 때문에 프런트도 이에 맞춰 오후에 출근해요. 오후 1시 30분에 출근해서 경기가 끝날 때까지 근무하는 거죠. 하지만 법정 근무 시간인 주 52시간을 넘지 않도록 하고 있어요. 기본적으로 주 40시간 근무이므로 직원들은 보통 1시 30분쯤 출근해서 9시 30분~10시 30분 정도에 퇴근해요.

시즌 중 출근 시간은 오후 1시 30분이지만 저는 아침 8시에 출근해요. 출근하자마자 운동복으로 갈아입고 한강으로 가요. 한강에 가서 그냥 걸어요. 운동을 한다기보다 생각을 하기 위해서 걷는 거예요. 사무실이 있는 잠실야구장에서부터 동호대교까지 걸어서 왕복하면 딱 3시간 걸려요. 걸으면서 오늘 어떻게 준비할까 생각하는 거죠. 하루 일과를 먼저 시뮬레이션하는 거예요. 걷기를 마치고 돌아오면 11시쯤 되는데 샤워하고 점심 식사 후 업무를 시작하는 거죠. 경기 끝난 후에 직원들이 모두 퇴근하고 나서도 저는 조금 더 정리하고 집에 가면 오후 11시 30분~12시 정도 돼요. 그런 일과가 쳇바퀴 돌듯이 돌아요.

한강에서 걷는 것으로 하루 일과를 시작해요.

비시즌인 11월 말~3월에는 일반 회사와 비슷하게 9 to 6인데 저는 새벽 5시에 출근해요. 시즌 때와 마찬가지로 출근해서 처음 하는 일은 한강에 가서 걷는 거예요. 한여름인 7~8월에만 한강으로 안 가요. 그때는 너무 더워서 한강에 가지 않고 주경기장을 걸어요. 주경기장에 그늘이 있으니까 그늘에서 주변을 몇 바퀴 돌죠. 겨울에는 추우니까 단단히 입고 야구장 근처를 시작으로 8시 30분 정도까지 걷고 나서 9시부터 업무를 시작해요.

편 9시에는 직원들도 모두 출근했겠네요.

차 네. 아시다시피 직원들은 절대 일찍 안 옵니다. 9시에 맞춰 오죠. 퇴근도 딱 6시가 되면 퇴근해요. 9 to 6를 아주 잘 지켜요. 저는 별명이 '세븐일레븐'이에요. 7시부터 11시까지 하루 16시간 일한다고 직원들이 붙여준 별명이죠.^^ 프런트의 일과는 이렇게 시즌과 비시즌으로 나뉘어 있어요.

편 시즌에는 오후에 업무를 시작하잖아요. 경기 시작 전까지 어떤 일을 하나요?

차 보고서들을 검토해요. 이메일로 들어온 것, 페이퍼로 올라온 보고서 등을 확인하는 거죠. 오늘 시합은 어떻게 운영되는지 전략분석팀과 감독님이 미팅한 내용 보고받고, 선수들을 체크하는 등 준비를 해요. 경기가 시작되면 지켜보면서 오늘 시합이 잘 됐는지 아닌지를 생각하고, 경기 끝나고 정리하죠.

모든 경기를 다 지켜보나요?

편 모든 경기를 다 지켜보나요?

차 네. 지방 원정 경기에 출장을 가지 않는 단장들도 있는 것 같은데 저는 원정까지 144경기를 모두 현장에 가서 봐요. 경기가 잘 안 풀리는 날은 답답하기도 해요. 그것도 야구를 잘 모르면 덜 답답할 텐데 제가 현장 출신이라 더 답답할 때가 있어요. 하지만 중요한 건 답답하다고 티를 내면 안된다는 거예요. 단장이 인상 한 번 쓰면 프런트는 다 굳게 되거든요. 단장이 되고 나서 가장 힘든 일은 항상 웃어야 한다는 거예요. 속에서는 천불이 나더라도 웃는 모습을 보여줘야 한다는 게 너무 힘들어요. 내공이 강해야 그런 여유가 생기는데 아직은 부족한 모양이에요. 그래도 직원들 앞에서는 항상 웃는 모습을 보여주려고 노력하고 있어요.

편 단장이 경기를 직접 본다고 해서 잘하는 건 아닐 텐데 현장에서 보는 이유가 있나요? 경기가 잘 안될 때는 따로 지시를 내리기도 하나요?

차 아뇨. 그렇지는 않아요. 사실 할 수 있는 게 아무것도 없어요.

그렇다 하더라도 매일 현장에서 직접 봐야 제 내공도 조금씩 늘어요. 저는 코치 때부터 중요하게 생각하는 것이 '일관성'과 '지속성'이에요. 직원들에게도 강조하는 사항이죠. 평범한 일을 일관성 있게 계속하는 것이 훌륭한 사람이라고 얘기해요. 일관성과 지속성을 지키는 게 쉬운 일이 아니에요. 회사에서 제일 모시기 어려운 사람이 일관성 없는 상사예요. 상사가 이상한 지시를 해도 일관성만 있으면 맞출 수 있는데 이랬다, 저랬다 자꾸 바뀌면 부하직원들이 갈피를 잡을 수 없거든요. 그리고 진행하는 프로젝트가 지속적이지 않으면 성장은 할 수 없는 거죠.

제가 출근 후에 '생각하며 걷기'를 꾸준히 하는 이유도 일관성과 지속성을 중요하게 생각하기 때문이에요. 굳이 새벽 5시에 출근하지 않아도 돼요. 그런데 한 번도 어긴 적이 없어요. 단장이 자신이 정한 규칙을 일관성 있게, 지속적으로 지켜가는 모습을 보여줘야 프런트도 같이 갈 수 있다고 생각해요.

모든 경기를 현장에 가서 보는 것도 마찬가지 이유예요. 단장이 야구장이 아니면 어디에 있겠어요. 야구장에 없다는 건 개인 볼일을 본다든지 다른 걸 한다는 거죠. 그런 행동을 하면 직원들이 알아요. 저한테는 경기 시간이 업무 시간인데 당연히 보지 않을 수 없죠. 그래서 매일 보는 거예요.

드라마 〈스토브리그〉 덕분에
프런트라는 직업이 많이 알려진 것 같아요

편 드라마 〈스토브리그〉*로 인해 대중들에게도 프런트라는 직업이 많이 알려졌는데요. 스토브리그 시기에는 어떤 일을 하나요?

차 굉장히 많은 일을 하죠. 일단 알려진 것처럼 선수 영입, 연봉 계약, 예산 책정, 전지훈련 답사, 전지훈련 운영, 다음 시즌 운영 계획 등 시즌이 끝나자마자 준비를 해요. 이런 일들이 굉장히 오래 걸려요. 세상에서 제일 어려운 게 돈을 마련하는 거잖아요. 야구단은 그룹에서 예산을 받아와야 해요. 물론 CFO(Chief Financial Officer, 최고재무관리자)가 있지만 저희 자체적으로 예산안을 만들고 어느 정도의 비용이 필요할지에 대해 기획팀과 계속 협의해야 해요. 그룹에서는 아껴 써라, 우리는 더 필요하다, 하면서 오고 가는 게 거의 몇 달이 걸려요. 한 해의 예산이 약 500억 정도 돼요. 예산을 편성하는 쪽에서는 어떻게든 줄이려고 하고, 운영하는 우리 입장에서는 조

---

* 스토브리그(Stove League) : 프로야구에서 한 시즌이 끝나고 다음 시즌이 시작할 때까지, 계약 갱신이나 트레이드가 이루어지는 기간을 가리키는 용어로 시즌이 끝난 후 팬들이 난롯가에 둘러앉아 선수들의 연봉 협상이나 트레이드 등에 관해 입씨름을 벌이는 데서 비롯된 말이다.

2019년 대졸 신고선수 입단 테스트 현장

금이라도 늘려야 하니 서로 대립할 수밖에 없어요. 줄일 수 있는 항목을 최대한 찾아서 절충하는 거죠. 예산 절충이 가장 어려운 일이에요.

또 단장은 내년에 선수 운영에 대해 고민해야죠. 군대 갈 선수와 제대하는 선수들 파악해서 어떻게 운영할지, 2군은 어떻게 훈련시킬지, 코칭스태프는 어떻게 꾸릴지, 선수단 연봉은 어떻게 책정할지 등을 결정해야 해요. 편성된 예산 안에서 해야 하는 일이죠.

편 선수단 운영에 대해서 감독과 같이 상의하나요?

차 프런트 업무는 감독과 상의하지 않아요. 선수단 정리도 프런트의 영역이거든요. 프런트에서 정리를 한 사항을 감독에게 전달해요. 만약 감독이 어느 선수가 필요하다고 어필하면 프런트는 다시 회의를 하죠. 하지만 감독도 웬만하면 용인을 하는 편이에요. 프런트에서 선수단 정리안을 가지고 가면 그러시죠라며 수긍해요. 프런트도 감독이라는 현장의 수장을 예우하는 차원에서 얘기를 다 하고요. 이런 대안을 가지고 운영할 계획인데 도와달라고 하는 거죠. 예를 들면 외국으로 전지훈련을 갈 때 예산이 많이 드니까 프런트에서는 선수단 숫자를 줄여야 해요. 그런데 감독 입장에서는 무조건 많이 데리고 가고 싶죠. 선수들 훈련을 직접 봐야 하니까요. 저희가 선수 명단을 40명에 맞췄다고 하면 감독은 3~4명 더 추가해달라고 해요. 그런데 인원을 늘리려면 예산이 추가되어야 하기 때문에 참 난감하거든요. 이런 사안으로 프런트는 감독을, 감독은 프런트를 설득하면서 매번 씨름하게 돼요. 결국 예산 운용의 문제인 거예요. 가정을 꾸릴 때도 식비, 교육비, 주거 통신비 등 정해진 예산이 있잖아요. 그런데 예기치 않게 돈이 더 들어가는 일이 생기면 적금을 깨든지, 빌리든지 해야 하죠. 스포츠단 운영도 마찬가지예요. 단지 단위가 좀 클 뿐이죠.

코로나19 이후 스프링캠프도 많이 달라졌죠?

📷 코로나19 이후에는 스프링캠프도 예년과 많이 달라졌을 것 같아요.

📷 네. 우리나라 야구단의 경우 겨울에는 추운 날씨 때문에 주로 미국의 플로리다나 애리조나 주, 호주, 대만 등 날씨가 따뜻한 곳에서 훈련을 해요. 그런데 2021년에는 코로나19로 인해 해외로 가지 못하고 이천에서 했어요. 경기도 이천에 'LG챔피언스파크'라고 퓨처스팀 홈구장으로도 사용하는 구단 전용 훈련장이 있거든요. 세계에서 가장 좋은 실내 야구장이에요. 시설도 크고, 기숙사도 100개가 넘어요. 그래서 다른 구단들은 제주도 등 지방에서 했는데 우리는 그냥 우리 구장에서 했어요. 2022년도 백신을 모두 맞은 상태라 변이가 급속도로 퍼지지 않는 한 해외 전지훈련을 계획하고 있었는데 못 나갔어요. 2년 연속 이천 구장에서 스프링캠프를 진행했어요.

이천 스프링캠프에서 훈련하고 있어요.

이천 LG챔피언스파크(LG Champion's Park)

프로야구프런트가 일하는 곳은 어디인가요?

편. 프로야구프런트가 일하는 곳은 어디인가요?

차. 말 그대로 프로야구단에서 일하는데, 물리적인 장소로는 야구장이라고 할 수 있죠. 저희가 일하는 곳은 잠실야구장이에요. 사무실도 야구장 안에 있어요. 대부분의 구단들이 야구장 안에 사무실을 만들어요. 예전에는 야구장이 1960~1970년대 지은 거라 열악하고 공간도 없었어요. 그런데 최근에는 지방 구단들이 모두 야구장을 새로 지었어요. 그러면서 안에 사무실을 만들었어요. 우리 구단 야구장은 1982년도에 지은 거라 좀 열악하지만 공간이 있어서 사무실로 사용하고 있어요. 사무실에서 더 안쪽으로 들어가면 선수단 라커룸이 있어요. 선수와 프런트가 야구장에서 같이 일하는 셈이죠.

서울 잠실야구장은 LG 트윈스와 두산 베어스의 홈구장으로, 두 구단이 함께 사용하고 있어서 원정팀이 왔을 때 굉장히 불편해요. 다른 구단들은 독자적으로 사용하니까 반대편을 원정팀 공간으로 제공하는데 잠실야구장은 LG와 두산이 사용하다 보니 원정팀 공간이 없어요. 저희도 우승하고 상황이 좋아지면 이전할 계획을 하고 있어요. 저희가 사용하던 공간을 선수단이 넓게 사용할 수 있게 하려고요. 당장 실행할 수는 없지만, 계획은 하고 있죠.

서울 잠실야구장

선수 출신으로 단장이 되셨는데 이런 경우가 일반적인가요?

🔲 선수 출신으로 단장이 되셨는데 이런 경우가 일반적인가요?

🔲 사례가 좀 있죠. 두산의 김태룡 단장님이 선수 출신이지만 이 분은 대학 때 부상을 당해 일찍 선수 생활을 접고 처음부터 구단 매니저로 시작했으니까 프런트라고 봐야 하고요. 2020년 기준으로 10개 구단 단장 중 선수 출신이 6명이에요. 저를 비롯해 두산 베어스 김태룡 단장, KIA 타이거즈 조계현 단장, kt wiz 이숭용 단장, 한화 이글스 정민철 단장, 롯데 자이언츠 성민규 단장이 선수 생활을 했죠.

야구인 출신 단장이 부각된 건 최근이에요. 제가 단장이 되면서 야구단의 단장이 무의미하게 일을 하는 것에 대해 이슈를 많이 만들었어요. 그래서 요즘은 단장 문화가 많이 바뀌었고, 단장에 대해 관심을 갖게 된 계기가 된 것 같아요. 이전에는 모든 인터뷰를 감독이 다 했거든요. 스토브리그 관련해서도 감독이 인터뷰를 했었는데 지금은 단장이 하고 있어요. 이런 문화를 제가 단장이 되고 나서 바꿨다고 할 수 있죠.

2018년 11월부터 단장 업무를 시작했는데, 언론에는 메시지

2019년 출정식

를 줘야 하거든요. 그때 제가 '스토브리그는 단장의 시간'이라는 화두를 던졌어요. 부연 설명도 했어요. 감독도 스토브리그 때는 쉬어야 한다고 말이죠. 감독도 스토브리그에는 휴식을 갖고 재충전을 해야 하는 거예요. 단장이 이 시기에 전면적으로 나서서 구단의 운영 방향이라든지, 어떤 선수를 영입해 어떻게 꾸릴 것인지에 대한 청사진을 팬들에게 알려야 한다, 이것이 단장의 의무라고 했어요. 권리가 아니라 의무인 거죠.

사실 언론에 나서면 대부분은 비난을 받아요. 그래서 말솜씨가 없는 단장들은 나서지 않는 경우가 많아요. 언론에 익숙하지 않으니까 실언할 수도 있거든요. 하지만 저는 말을 잘하고 못 하고의 문제가 아니라 단장이 해야 할 일이라고 생각한 거예요. 제가 그렇게 인터뷰하고 나서 다른 9개 구단의 단장들에게 엄청 항의를 받았어요. 차 단장이 자꾸 언론 인터뷰를 하니까 우리도 참여해야 하는데 힘들다, 차 단장은 말을 잘하니까 괜찮지만 나는 아니다 등의 항의를 받았죠. 어쨌든 그 이후로 지금은 '스토브리그' 하면 '단장의 시간'이라는 명제가 만들어졌어요. 제가 문화를 바꿨다고 생각해요.

편 단장의 그런 행보에 대해 현장의 불만은 없나요?

차 현장에서는 좋아하죠. 감독이 했던 일을 단장이 해주니까요.

일반 대중이 보기에는 선수 영입과 같은 일은 감독이 주도해야 한다고 생각할 수도 있는데 그건 잘못된 생각이에요. 예를 들어 여러분이 식당의 사장이라고 가정해 봐요. 내가 사장으로서 가게의 운영에 대해 고민하고 있는데 갑자기 주방장이 와서 메뉴도 바꿔야 하고 보조들도 더 필요하다면서 돈을 달라고 하면 어떻겠어요? 기분이 안 좋겠죠. 그렇다고 뭐라 지적을 하면 음식 맛을 이상하게 할까 봐 말도 못 하는 것과 비슷하다고 생각하면 돼요.

잘못된 관행이 있으면 바로잡아야 해요. 현장의 권한을 주되 프런트가 해야 할 일은 프런트가 해야 하는 거죠. 반대로 3월부터 시즌이 끝날 때까지는 '감독의 시간'이에요. 그때는 감독 뒤에서 서포트해야 하는 거죠. 단장과 감독의 일이 다르다는 인식이 형성되면서 문화가 많이 바뀌었어요. 예전에는 프런트 야구라고 하면 '간섭'이라고 생각했다면 지금은 '관심'이라고 이미지가 바뀐 거죠.

우승기원 고사

비선수 출신으로 단장이 되려면 어떻게 해야 할까요?

편 비선수 출신으로 단장이 되려면 어떻게 해야 할까요?

차 스포츠 선수 출신이 아닌 일반 직원이 단장이 되려면 업무에 대한 기본 지식은 물론이고 그 외에 스포츠에 대한 전문적인 지식이나 경험이 많아야 해요. 일반 기업에서 승승장구해서 부장, 임원이 되는 것은 그 안에서의 경험만으로도 가능하지만, 야구단 단장은 야구를 운영해야 하기 때문에 아무래도 스포츠인이 아니면 어려울 거라는 생각이 있죠. 예전에는 모(母)기업의 임원들이 주로 단장직을 맡았어요. 그러다 보니 프런트가 현장에 끌려다니는 경우도 많았어요. 스포츠에 대한 지식이 없으면 현장에서 요청하는 사항에 대해 반박할 수 없으니까요.

야구 현장의 노하우를 많이 쌓아야 해요. 행정 업무는 잘할 테니 현장 경험이 필요한 거죠. SSG 랜더스의 류선규 단장이 프런트 직원으로 단장이 된 케이스예요. 저와는 LG 트윈스에서 같이 일한 적이 있는데 여러 업무를 담당한 것으로 알고 있어요. 홍보, 마케팅, 스카우트, 콘텐츠팀 등 여러 분야의 팀장을 맡으면서 노하우를 쌓았죠. 류선규 단장 정도의 내공이면 선수 출신이 아니더라도 무리가 없다고 생각해요. 그 정도의 경험은 쌓아야 할 것 같아요. 반대로 야구인 출신이 단장이 되려면 야구 외에 행정 업무도 알아야 하기 때문에 공부를 해야 하죠.

편 프런트 업무에서 선수 출신과 비선수 출신 중 유리한 쪽이 있을까요?

차 저는 어떤 한쪽이 유리하다고 생각한 적은 한 번도 없어요. 열심히 하는 사람이 유리한 거죠. 비선수 출신이라고 해서 불리할 것도 없고, 야구인 출신이라고 해서 유리할 것도 없어요. 결국은 시간을 더 투자하고 자신의 업무에 대해 고민하는 사람이 유능할 수밖에 없는 구조예요.

프로야구프런트의 매력은 무엇인가요?

편 프로야구프런트의 매력은 무엇인가요?

차 스포츠가 주는 환희를 가장 가까이에서 느낄 수 있는 거 같아요. 우리가 올림픽을 보면서 눈물을 흘릴 때가 있잖아요. 핸드볼이나 펜싱처럼 평소에 자주 접하지 못하는 종목이지만 좋은 성적을 내거나 양궁에서 우리나라 대표 선수가 잘하는 모습을 보면 같이 흥분하고 벅차오르는 감정을 느끼잖아요. 스포츠가 주는 그런 감동이 있어요. 2002년 월드컵 때 많은 경험을 했죠. 올림픽이나 WBC* 같은 대회를 볼 때 광장에 모이거나 집에서 가족, 친구들끼리 함께 응원하잖아요. 이건 누가 시켜서 하는 게 아니라 좋아서 하는 거죠. 정치인이 연설하는데 그렇게 모여서 듣고 감동하면서 눈물 흘리는 경우는 거의 없잖아요. 스포츠가 주는 감동이 있는 거예요. 프로야구프런트는 선수들의 가장 가까이에서 경기를 보면서 감동과 환희를 만끽할 수 있죠.

또 다른 장점으로는 프로야구 선수들과 친해질 수 있다는 거

---

* WBC(World Baseball Classic) : 국가 간 국제 야구 대회. 야구 국가대항전에서 가장 권위있는 대회로 각국의 최정상급 선수들이 참가하는 사실상 유일한 대회이다.

신인선수들의 홈경기 인사

예요. 아무래도 이 일을 하는 사람들이라면 야구를 좋아할 텐데 본인이 좋아하는 선수를 만날 수 있다는 것도 큰 매력이죠. 야구를 좋아하는 사람이라면 더욱더 재미있게 일할 수 있는 직업이기도 하고요.

편 단점도 알려주세요.

차 성적이 안 나오면 정말 힘들어요. 성적이 나쁠 때는 한기가 느껴져요. 한여름에도 서늘할 정도죠. 물론 일반 기업의 경우에도 매출이 부진하면 분위기가 안 좋겠지만 피부로 느낄 정도는 아니잖아요. 프로야구단은 그렇지 않아요. 성적이 바로바로 반영이 되기 때문에 성적이 좋지 않으면 회사 공기가 너무 무거워요. 보고할 때를 제외하고는 말도 안 하고 가만히 있어요.

2004년부터 2012년까지 포스트시즌*에 못 올라갔을 때, 흔히 언론에서 얘기하는 LG 암흑기에 제가 코치였는데 그때는 정말 힘들었어요. 팀 성적이 좋지 않으면 연말에 성과급이 없으니까 프런트도 힘들죠. 프런트는 성적이 좋아야 성과급을 받거든요. 그런데 성적이 좋지 않아서 성과급을 받지 못하면 얼마나 힘들겠어요. 반대로 성적만 좋으면 이만큼 좋은 직장이 없어요. 매년 겨울마다 인

---

* 포스트시즌(Postseason) : 스포츠 종목에서 정규리그가 끝난 다음 최종적인 우승팀을 가리기 위해 하는 모든 경기를 말한다. 당연히 정규리그에서 상위권에 들어야 진출할 수 있다. 다른 말로 플레이오프(playoffs)라고도 한다.

센티브가 두둑하게 나오고, 야구 스타들과 친하게 지낼 수 있는 기회도 있고, 겨울에는 시간적인 여유도 많거든요. 성적에 대한 스트레스가 크다는 것이 가장 큰 단점이죠. 더 안타까운 건 성적이 안좋다 하더라도 프런트가 할 수 있는 일이 없다는 거예요.

저희 사장님이 이런 말씀을 하세요. 다른 계열사에 있을 때는 사사분기 실적이 떨어졌다고 하면 부장, 임원들 불러서 야단을 치고 대책 방안을 세우면 됐다고 해요. 사장까지 직접 뛰면서 3개월 열심히 하면 매출이 올라간대요. 본인이 일해서 실적을 올릴 수 있는 거죠. 그런데 야구는 사장님이 어떻게 할 수가 없는 거예요. LG 계열사의 사장 정도면 산전수전 공중전까지 다 겪어서 웬만한 역경은 다 헤쳐왔는데 야구단에서는 직접 할 수 있는 일이 없다는 거죠. 그냥 야구만 보다가 퇴근한다고 하더라고요. 차 단장이 올리는 결재란에 사인은 하는데 내가 도대체 뭘 해야 하냐는 거죠. 마땅히 할 일은 없는데 가만히 있자니 답답한 거예요. 야구는 현장에서 하는데 사장님이나 직원들이 뭘 어떻게 하겠어요. 답답한 마음에 한마디 하면 또 지탄받아요. 사장이 뭔데 나서냐, 야구에 대해 알지도 못하면서 간섭하지 말라는 보도가 다 그런 맥락에서 나오는 거예요.

다른 단점으로는 생활패턴이 불규칙하다는 거예요. 프로야구가 보통 4월에 개막해서 9월까지 정규리그를 치르고, 10월에 포스트시즌이에요. 정규 시즌만 해도 1년에 144경기를 해야 해요. 홈경기가 72경기이고, 나머지 72경기는 원정 경기를 다녀야 하는데 주말 빼고는 대부분이 야간 경기거든요. 그렇기 때문에 어느 날은 오전 출근, 어떨 때는 오후 출근을 해야 하는 등 생활패턴이 일정하지가 않아요. 그리고 주말마다 경기가 있기 때문에 일상적으로 주말에 쉬는 사람들과는 생활패턴이 달라서 만나기가 쉽지 않죠. 인간관계가 소홀해질 수 있어요.

단장으로서 기억에 남는 에피소드가 많을 거 같아요

편 단장으로서 기억에 남는 에피소드가 많을 거 같아요.

차 엄청 많죠. 특히 팬들과의 소통이 기억에 많이 남아요. 단장은 구단 운영과 관련한 회의도 많지만, 팬들도 만나거든요. 저희가 한 달에 한 번씩 유튜브 방송을 하는데 굉장히 반응이 좋아요. 사실 스포츠단의 팬심이라는 게 성적이 안 좋으면 악성 댓글이 엄청 늘어요. 또 팀 성적이 좋아도 본인이 좋아하는 선수가 출전하지 않으면 왜 그 선수 안 뛰게 하냐고 단장에게 화를 내고, 만약 그 선수가 뛰어서 성적이 안 나오면 다른 선수 팬들에게 또 비난을 받는 거예요. 성적이 좋으면 성적이 중요하냐 유망주를 키워야지, 유망주를 키우면 유망주가 중요하냐 성적이 좋아야지, 이런 식으로 비난을 받을 수밖에 없는 구조예요. 모든 팬들을 만족시킬 수는 없으니까요.

우리 구단은 미디어에 노출되는 빈도도 많고, 서울을 본거지로 하고 있어서 더 어려워요. 다른 팀 단장들도 LG 단장은 정말 힘들 거라는 얘기를 해요. 그래서 오히려 제가 더 전면에 나서는 거예요. 야구단장이 앞에서 비난을 다 받으면 야구단에 가는 욕이 줄어들거든요. 팬들과의 소통을 무서워하면 안 돼요. 제가 개인 인스타

그램을 하지 않았었는데 홍보팀장이 하라고 해서 시작했어요. 경기에서 한 번만 져도 제 계정에 몰려와요. 악플이 수백 개씩 올라오죠. 너무 심한 건 지우기도 했는데 보고 있으면 힘들어요. 그런데 이렇게 하니까 팬들이 인정해주는 부분이 있어요. 우리 단장은 그래도 낫다, 팬들의 의견도 들어주고, 설명도 해준다, 이런 인식이 된 거죠. 그래서 저희는 매달 한 번씩 방송을 해요. 완전 성토의 장이죠. 성적이 나쁜 선수는 물론 조금 좋은 선수도 비난을 받고, 성적이 아주 좋은 선수는 그나마 "이제 두고 볼거야" 하는 정도예요. 칭찬은 절대 없죠.

📕 단장님 개인 계정에도 칭찬 글은 없나요?

🚗 에이~ 칭찬은 바라지도 않아요. 육두문자만 쓰지 않으면 좋겠어요. 좋은 말은 없지만 그래도 봐야 해요. 그래야 팬들의 니즈(needs)를 파악할 수 있으니까요. 물론 심한 악플은 좀 거르긴 하지만 댓글은 다 읽고 있어요. 좋은 질문이다 싶은 글에는 답을 하기도 해요. 처음에는 제 개인 계정이라서 가족사진도 올리곤 했는데 지금은 다 지웠어요. 가족을 대상으로 하는 악플은 참기 어렵거든요.

사실 SNS 계정은 몇 년 전에 만든 거예요. 해설위원일 때인데 방송국 편성팀장이 이제 SNS가 트렌드라면서 해설가도 인스타를 해야 한다고 하더라고요. 제가 아날로그 감성이라 디지털에 약하니까 그 팀장이 만들어줬어요. 그때는 해설할 때라 찬양 일색으로 칭찬 댓글이 많았어요. 이거 괜찮구나 생각했죠. 단장을 맡으니까 계정을 삭제할까 했는데 홍보팀장이 팬들과 소통할 수 있는 통로이니까 그냥 놔두라고 하더라고요. 고생은 하지만 SNS를 시작한 건 잘했다고 생각해요. 단장이 숨지 않고 나서서 얻어맞으면서도 팬들과 소통하는 거죠.

편 팬들이 직접 연락하기도 하나요?

차 제 개인 연락처를 모르기 때문에 전화를 하는 경우는 없고, SNS 계정으로 DM(Direct Message)이 많이 와요. 받은 메시지 중에 설명이 필요하겠다 싶은 분들에게는 오히려 제가 전화를 해서 설명을 하기도 해요.

편 홈페이지에 팬들이 글을 남길 수 있는 게시판이 있나요?

차 게시판은 있는데 제가 SNS를 한 이후에는 대부분의 팬들이 제 계정에 글을 남기고 있어요. 게시판은 단장이 안 볼 수도 있으니까요. 게시판에는 거의 칭찬 글만 있어요. 감독 칭찬, 선수 칭찬 등의 글은 게시판에 올리고 저에게는 비난을 집중적으로 하죠.

LG 구단이 유튜브도 활발하게 운영하고 있는데 방침이 있나요?

📝 LG 구단이 유튜브도 활발하게 운영하고 있는데 방침이 있나요?

🧑 일단은 한 달에 한 번 정기적으로 방송하는 것을 방침으로 하고 있어요. 라이브예요. 제가 유튜브팀에 제안을 해서 매번 콘셉트를 바꿔서 해요. 그리고 쉬운 질문, 칭찬하는 질문은 다 빼라고 했어요. 대답하기 어려운 질문들로 구성하고 있어요. 팀에서는 우려를 했지만 이런 걸 해야 진정성이 있다고 느껴지지, 쉬운 질문이나 칭찬만 듣고 있으면 누가 보겠냐고 했죠. 라이브로 진행하기 때문에 누가 어떤 질문을 할지 모르기도 해요. 그렇게 해야 팬들이 좋아해요. 쉬운 것보다는 어려운 질문 위주로 채택해요. 어렵다는 건 제가 난처해진다는 거예요. 질문이 너무 이상하거나 곤란한 얘기를 하면 어떻게 할 거냐고 묻길래 단장은 원래 '우문(愚問)'에 '현답(賢答)'을 하는 직업이라고 했어요. 질문에는 나쁜 질문, 수준이 낮은 질문, 이런 건 없어요. 그렇지만 대답에는 나쁜 대답, 잘못된 대답이 있는데 그건 내가 감수할 테니 걱정하지 말고 하라고 했죠.

월간 유튜브 라이브 방송을 통해 팬들과 소통하고 있어요.

편 저도 유튜브에서 단장님이 팬들과 소통하는 걸 봤어요. 팬들이 전술이나 선수 운영에 관한 얘기도 하더라고요. 어떻게 보면 전문가 입장에서는 낮은 수준의 얘기일 수도 있는데 진지하게 잘 들어주시더라고요. 힘드실 거 같아요.

차 고객이잖아요. 팬들에 대한 서비스로 그 정도는 해드려야죠. 프로야구단이 가장 무서워하는 건 팬이 줄어드는 거예요. 팬을 만족시키기 위해서는 단장들이 더 나서야죠.

편 거기에서 얻는 성과는 무엇인가요?

차 아까 말씀드렸던 팬들의 진정성이죠. 단장 모임에 참석하면 다른 팀 단장들이 저에게 한마디씩 해요. 차 단장이 하는 거 보고 다른 팀에서도 단장이 팬들과 소통해야 한다는 말들이 나오니 힘들다는 거예요. 가만히 있으면 듣지 않아도 될 욕을 왜 사서 듣냐는 거죠. 그렇게 욕이 듣고 싶으면 우리가 해주겠다는 말까지 하더라고요. 반면에 저희 사장님은 너무 좋아하시죠. 방송 언제 하냐면서 다 챙겨 보시거든요.

트레이드는 어떻게 성사되나요?

편 LG 트윈스가 그동안 손해 보는 트레이드*와 FA**가 많아서 팬들의 의문이 있었는데 차 단장님 체제 후에는 성공적인 선수 영입이 많은 것으로 알고 있어요.

차 이전의 트레이드에 대해 팬들이 회자를 많이 하는데 사실 그때는 너무 급한 상황이라 그에 맞춰서 진행한 거예요. 어떻게 하든 포스트시즌에 무조건 올라가야 한다는 생각으로 무리수를 두면서 하다 보니 결과가 안 좋았죠.

트레이드는 당장 효과적인 것과 멀리 보는 트레이드, 이렇게 나눠서 봐야 해요. 저의 트레이드 계획은 투수 활용에 목표를 두었기 때문에 투수를 많이 확보하는 거예요. 투수는 다다익선이라고

---

* 트레이드(Trade) : 스포츠에서 팀끼리 선수를 맞바꾸는 이적 방법을 말한다. 추가로 선수와 선수를 맞바꾸는 트레이드뿐만 아니라 돈을 주고 선수를 받아오는 현금 트레이드와 조건 없이 선수를 내주는 무상 트레이드도 있다.

** FA(free agent) : 일정기간 동안 프로선수로 재직한 선수에게 구단과 협상할 권리를 주는 제도이다. 우리나라 프로야구는 1999년부터 도입되어 선수들이 자유롭게 팀을 옮길 수 있게 되었다. 스포츠계가 아닌 연예계에서도 종종 FA라는 표현을 사용한다. 스포츠의 FA 제도처럼 원 소속사와 계약이 만료된 연예인이 재계약을 하지 않는 경우에 사용한다.

생각해요. 야수는 그렇지 않지만, 투수는 많이 모아야 해요. 또 개인적으로는 선수에게 기회를 줘야 한다고 생각해요. 서른이 넘었는데 팀에서 자리를 못 잡고 있는 선수에게는 다른 길을 제시해 줘야 하는 거죠. 우리 구단에서는 경기에 출전할 기회가 없지만 다른 구단의 상황은 다를 수 있으니까요. 다른 팀에 가서 잘하면 우리 팀에 불리할 수도 있겠지만 그렇더라도 선수를 위해서는 보내줘야 한다고 생각해요. 간혹 그런 질문을 하는 팬들도 있어요. 다른 팀에 가서 잘하면 우리에게 불리하니까 내보내지 말아야 하는 거 아니냐고요. 그런데 그 선수가 내 아들이라면, 동생이라면, 친구라면 그렇게 할 수 있겠어요? 저는 야구인 출신이에요. 선수의 앞길을 막으면서까지 하고 싶지는 않아요. 가서 잘하면 박수 쳐 주는 게 당연하다고 생각해요. 우리 팀의 성적은 우리가 열심히 해서 올려야 하는 거죠.

제가 두산 베어스와 2 대 2 트레이드를 해서 양석환 선수를 보냈는데 두산에 가서 잘하고 있어요. 그렇다고 아쉬운 마음이 들거나 하지는 않아요. 저도 잘할 거라고 생각하고 보낸 거예요. 그런데 거기서 잘하니까 보내지 말았어야 했다고 하는 팬들도 있어요. 하지만 그건 결과론적인 거죠. 만약 우리 팀에 계속 있었으면 출전 기회가 없었을 수도 있어요. 다른 팀이지만 활약하고 있으니 본인에게 좋은 거죠. 트레이드 상대였던 함덕주 선수는 나이가 어리니까 장기적으로 우리에게 도움이 될 선수라고 판단했던 것이고요. 트레이드는 그렇게 성사되는 거예요. 우리는 선발과 불펜* 모두 가능한 선수를 얻었고, 두산은 1루수 즉시전력감으로 활용할 선수를 필요로 한 거죠. 팬들이 트레이드의 실패라고 하면서 질타해도 괜찮아요. 트레이드에 대한 제 소신이 있으니까요. 다음 시즌에서 상황이 바뀌면 역시 큰 그림이었다는 평가가 나올 수도 있는 거죠.

트레이드는 단기적으로만 생각해서는 안되는 거예요. 특히 어린 유망주를 보내는 건 위험해요. 급한 마음으로 트레이드를 하면 안되는 이유죠. 유망주가 활약을 하기 위해서는 시간이 필요하거든요. 당장 성적을 내기 위해서 유망주를 내주고 베테랑을 데려온다고 해도 그 유망주들이 가서 1~2년 뒤에 잠재력을 폭발시키면서 맹활약을 할 텐데 그건 안되는 거죠. 그래서 저는 유망주를 보내는 것에는 반대하고 있어요.

----

* 불펜(bullpen) : 투수가 마운드에 오르기 전에 몸을 풀고 준비하는 장소를 뜻하기도 하지만, 선발투수를 제외한 구원투수 전체를 가리키기도 한다. 예를 들어, '다저스 스타디움에는 불펜이 좌측 외야펜스 뒤쪽에 있다' 라고 할 때는 전자의 의미이고, 'LG는 10개 구단 중에 불펜이 최강이다'라고 할 때는 후자의 의미다.

신인드래프트로 입단한 이민호 선수와 함께

편. 일명 '탈G효과'에 대해서는 어떻게 생각하세요? 다른 팀에 가자마자 잘하는 이유가 있나요?

차. 타자의 경우에는 구장의 효과가 있어요. 잠실구장은 타자에게 불리해요. 다른 구장이면 넘어갈 타구도 펜스 앞에서 잡히거든요. 좌우중간의 거리가 메이저리그 기준으로도 최상위권에 속할 만큼 커요. 그런 측면에서 타자들은 잘된 케이스가 있는데 투수들은 나가서 잘된 케이스는 없어요. 투수는 구장 효과를 못 보는 거죠. 그런 요인들이 각색되고 부풀려지면서 오해가 생긴 것 같아요. 트레이드는 단기적으로도 검토해야 하지만 장기적인 관점도 고려해서 진행해야 하는 사안이라고 생각해요.

편. 트레이드는 어떻게 진행되는 건가요?

차. 만약 우리 팀에 필요한 선수가 있는 경우라면 상대 팀의 단장에게 전화해서 그 선수 트레이드 가능하냐고 물어보죠. 조건을 들어보지도 않고 안된다고 한다면 보낼 생각이 전혀 없다는 뜻이고, 생각이 좀 있는 경우에는 상대 선수가 누구냐고 물어보겠죠. 그렇게 협상을 하면서 간극을 좁혀나가는 거죠. 정황상 먼저 전화하는 사람이 약간 불리한 구조예요. 선수를 지목했다는 건 그 선수가 반드시 필요하다는 뜻이니까 조금 무리해서라도 영입하고 싶겠죠.

편 선수가 요청해서 트레이드가 되는 경우도 있나요?

차 네. 나이도 많고, LG에서는 이제 뛸 자리가 없는 것 같다며 트레이트 요청을 한 경우도 있었어요.

편 트레이드는 스토브리그 때 하는 건가요?

차 시즌 중에도 트레이드를 할 수 있어요. KBO 리그 규약에 구단 간에 선수 대 선수 또는 현금 대 선수를 주고받을 수 있는 기간은 '포스트시즌 종료 후 다음 날부터 이듬해 7월 31일까지'라고 규정돼 있어요. 바꿔 말하면 8월 1일부터 한국시리즈 우승팀이 정해지는 날까지는 트레이드를 할 수 없다는 말이기도 하죠.

편 스카우트한 선수의 성과가 안 나오면 어떻게 하나요?

차 부상 등의 이유로 그런 경우가 생겨요. 그런데 스카우트했다는 건 몇 년간 지켜보면서 기량을 파악했다는 뜻이거든요. 그러니 당장은 힘들더라도 다음 시즌에 뛸 수 있도록 시간을 줘야 해요.

프런트 업무에서 단장님께서 최초로 도입했거나 시도한 것이 있나요?

편 프런트 업무에서 단장님께서 최초로 도입했거나 시도한 것이 있나요?

차 제가 하는 것들이 모두 최초예요. 단장이 유튜브를 직접 운영하는 것, 단장이 모든 행사 전면에 나서는 것 등이 모두 최초였죠. 다른 단장들은 하지 않은 일들을 제가 처음 시도했어요. 저는 다른 사람이 하는 건 안 해요. 만약 다른 9개 구단의 단장들이 유튜브를 했다면 저는 하지 않았을 거예요. 남이 하지 않는 걸 해야죠.

생각해 보니 12월을 '단장의 시간'이라고 한 것도 제가 처음 한 말이에요. 단장이 전면에서 팬들과 소통하는 것도 처음이고, 경기 중에 단상에 올라가서 행사하는 것도 제가 처음 한 거예요. 추첨해서 관중들에게 선물을 나눠주는 것, 코로나19로 인한 언택트(비대면이란 뜻으로, 접촉을 뜻하는 '콘택트(contact)'에 부정을 의미하는 접두사 '언(un)'을 붙여 만든 신조어) 중계 등도 제가 시도했어요. 남들이 하지 않는 거라 제가 한 거죠. 사실 직원들은 단장에게 그런 부탁을 못 해요. 팬들 앞에 쉽게 나설 수 있는 단장은 없거든요. 하지만 저는 직원들에

LG기 초중 야구대회 시상식

게 아이디어 주면 하겠다고 해요. 팬들이 좋아하는 이벤트가 있으면 내가 하겠다고 한 거죠. 마케팅팀이 기획하는 행사는 제가 다 도와주고 있어요. 그게 단장의 직무라고 생각하기 때문에 하는 거예요. 직원도 좋아하고 팬도 좋아해요.

외국인 감독 영입에 대해서는 어떻게 생각하세요?

편 외국인 감독 영입에 대해서는 어떻게 생각하세요?

차 외국인 감독의 긍정적인 효과가 있다고 생각해요. 하지만 제 개인적으로는 외국인 감독을 영입하지는 않을 거예요.

편 이유가 뭔가요?

차 제가 영어를 못해요.^^ 감독과 단장의 소통이 얼마나 중요합니까? 그런데 통역을 거쳐서 대화한다? 제 뜻이 제대로 전달되지 않을 거라고 생각해요. 그리고 기왕이면 내가 검증한 사람을 기용하고 싶어요. 내가 직접 확인한 감독이라면 안심이 되죠. 외국에서 잘한다고 하지만 직접 본 것도 아닌데 어떻게 알겠어요. 통역을 통해서 말 몇 마디 주고받고 맡기기에는 리스크가 큰 거 같아요. 외국인 감독의 장점은 분명히 있지만 저는 개인적으로 국내 감독이 좋아요.

LG 트윈스 류지현 감독 취임식

일을 하다 보면 힘든 일도 많을 것 같아요.

그럴 땐 어떻게 하시나요?

編 일을 하다 보면 힘든 일도 많을 것 같아요. 그럴 땐 어떻게 하시나요?

車 걸어요. 제가 늘 하는 게 있어요. 하루에 매일 읽기, 쓰기, 걷기, 웃기 그리고 하루를 되돌아보는 복기, 이 다섯 가지를 해요. 그래서 '오기'라는 별명도 있어요. 다섯 개의 '기'를 매일 한다고 해서 '오기'예요. 힘들 때나 기쁠 때나 저를 수양시키는 다섯 가지입니다.

'오기'는 코치가 된 이후부터 시작했어요. 누군가를 가르쳐야 하는 위치에 있으면 이 정도는 해야 한다고 생각해요. 나도 실행하지 못하면서 누군가를 지도한다는 건 아니라고 생각했어요. 제가 하지 못하는 건 다른 사람에게도 하라고 하지 않을 거예요. 그래서 사람들에게 살 빼라는 얘기를 안 해요. 제가 다이어트를 하지 못하기 때문에 남에게도 하지 않는 거죠. 제가 할 수 없는 부분에 대해서는 절대 강요하지 않아요. 매일 이 다섯 가지를 하면서 저를 수양하고 있어요.

편 '오기'를 직원에게 권하지는 않나요?

차 직접적으로 말을 하면 소위 '꼰대'처럼 보일 것 같아 그냥 몸으로 보여주려고 해요. 제 주변 사람들은 제가 새벽에 걷는 것, 책을 많이 읽는 것 다 알고 있어요. 그리고 예전부터 항상 웃는 모습을 보여줬고요. 제가 생각에 잠겨 있으면 복기하는 거니까 다 알죠.

편 읽기, 쓰기 하는 시간이 따로 있나요?

차 음……. 아침에 주로 해요. 출근해서 걷기를 하고, 업무 시작 전에 일기를 써요. 일기를 쓴 지 17년 됐는데 1년에 300일 이상은 쓴 거 같아요. 일기 노트를 다 모아 놨는데 그걸 볼 때마다 큰 자산이라는 생각에 뿌듯해요. 돈은 안되지만 자산이지 않습니까? 일기에 나를 돌아보는 글도 많이 있거든요. 예를 들어, 회의를 했는데 어떤 부분에서 실수를 한 것 같다, 좀 더 체크했어야 했다, 등의 글을 나중에 읽으면 큰 도움이 돼요.

편 일기를 쓰게 된 계기가 있나요?

차 네. 앞에서 말씀드렸듯이 2001년 11월 26일, 다시는 이런 일을 겪지 말아야 되겠다는 다짐으로 시작하게 됐어요. 사실 제가 천성적으로 굉장히 게을러요. 잠도 많고, 많이 먹고, 게으르기까지 해요. 그래서 2004년에 감독님이 저에게 코치를 맡기고 싶다고 했을 때 프런트가 반대를 많이 했대요. 코치의 덕목은 부지런함인데 저는 게으르다는 게 이유였어요. 술도 많이 먹기 때문에 선수들이 배울 게 없다는 거죠. 게다가 말만 잘한다는 거예요. 프런트와 회의할 때도 밀리지 않으니까요. 연봉 계약할 때마다 너무 힘들었대요. 그런 이유로 프런트에서 반대를 했는데 지도자가 되면 바뀔 거라고 감독님이 말씀하셨다고 해요.

그런 얘기를 듣기 싫어서 시작한 것이 '오기'예요. 결혼한 이후라 처자식에게 부끄러운 모습은 보이지 않겠다는 생각도 했어요. 코치가 되고 처음 한 일이 가장 먼저 출근하는 거였어요. 그때부터 지금까지 새벽에 출근하는 걸 계속하고 있죠.

프로야구프런트에서 가장 중요한 일은 무엇인가요?

📭 프로야구프런트에서 가장 중요한 일은 무엇인가요?

🏁 팀 성적이죠. 업무 내용은 각 부서마다 다르지만 크게 보면 성적이 가장 중요한 일이에요. 서포트를 잘해서 성적을 내게 하는 거니까요. 그런데 성적에는 여러 가지 의미가 있어요. 성적만 좋다고 명문 구단이 되는 것은 아니라고 생각해요. 명문 구단이라면 그 명성에 맞는 선수들의 성숙된 모습이 갖춰져야 하거든요. 2021년 여름에 야구계가 굉장히 시끄러웠잖아요. 그런 일은 정말 일어나서는 안 되는 거예요. 선수들도 공인으로서의 마음가짐을 가지고 행동을 조심해야 해요. 구단에서 교육도 필요하죠.

프런트가 해야 할 일은 명문 구단을 만드는 거라고 생각해요. 성적도 중요하지만 팬들의 사랑에 보답할 수 있는 인격체가 되어야 해요. 선수가 타의 모범이 될 수 있도록 해야죠. 거창하다고 할 수도 있겠지만 노블레스 오블리주(Noblesse oblige)를 할 수 있는 문화를 프런트가 만들어 가야 한다고 생각해요.

'2019 코리아스포츠진흥대상'에서 LG 트윈스가 프로야구 부문에서 수상했어요.

'2019 프로야구 올해의 상'에서 올해의 프런트상을 수상했어요.

편 프런트에서 할 수 있는 일이 있나요?

차 많죠. 겨울에 선수단 대상으로 인문학 강의 등의 프로그램을 기획하고 프런트도 계속해서 교육을 받아야죠. 문화를 그렇게 만들어가는 노력이 필요해요. 신인 선수인 경우에는 프로야구 선수로서 갖춰야 하는 소양에 대한 교육 프로그램이 있어요. 한 달 정도 교육을 받죠. 외부 강사를 초빙하는 강연도 있고, 제가 하는 강의도 있어요. 제가 강사로 제일 많이 나가는 거 같아요.

작년에는 『어쩌다 한국인』을 쓴 허태균 교수를 강연자로 초빙하기도 했어요. 제가 인문학 공부를 10년 전부터 하고 있어서 선수들에게도 관련 강연을 들려주고 싶은데 초빙하고 싶은 분들이 다들 워낙 바쁘셔서 일정이 안 맞아서 좀 아쉬운 면이 있죠.

프로야구프런트로 일하면서 어려운 점이 있다면 무엇인가요?

편 프로야구프런트로 일하면서 어려운 점이 있다면 무엇인가요?

차 예산이죠. 성적을 위해서 FA 선수를 영입하고 싶지만, 계약금으로 수십억씩 들어가는데 예산을 받기가 쉽지 않아요. 선수들 연봉은 기본 예산으로 책정되어 있지만, FA 비용은 일반 예산과 다르거든요. 큰 비용이 계약금으로 한꺼번에 지불하기에 어려운 점이 있어요. 그래서 3회에 걸쳐 나눠 지불하는 방법 등을 생각하기도 해요.

선수 영입도 어렵지만 직원 채용도 어려워요. 제가 인재 욕심이 있어요. 만약 영어 통역사를 채용한다고 하면 지원자 중에는 보통으로 하는 사람도 있을 테고, 잘하는 사람도 있고, 네이티브 수준의 사람도 있을 거 아니에요? 단장 입장에서는 가장 우수한 지원자를 뽑고 싶잖아요. 그런데 능력이 뛰어나면 연봉도 높죠. 제 마음에 들어도 조건이 맞지 않아서 안 되는 경우가 있어요. 회사는 사규가 있고 룰이 있으니까요.

관중 유치는 어떻게 하나요?

📖 지금은 코로나 때문에 관중 제한이 있지만 일반적으로 관중 유치는 어떻게 하나요?

📋 저희는 가장 좋은 마케팅은 승리라고 말해요. 야구를 좋아하는 분들이 관중으로 오는 거니 성적이 좋으면 굳이 마케팅을 하지 않아도 다 와요. 물론 그렇다고 해서 마케팅을 안 하면 안 되죠. 관중 대상으로 추첨해서 상품을 주는 이벤트도 하고, 유튜브 방송에서 약간의 과장을 섞어서 다음 달에 이런 선수들이 출전할 것 같다는 얘기를 하면서 경기에 대한 기대감을 갖게 하기도 해요. 하지만 가장 좋은 건 역시 좋은 성적이죠. 성적이 좋으면 많이 오십니다. 저희가 관중이 제일 많은 구단이거든요. 프로야구 전체 최초로 3천만 관중도 넘겼고, 매년 100만 명 이상의 관중이 경기장에 오는 최다 관중 팀이에요.

선수들과 프런트의 관계는 어떤가요?

편 선수들과 프런트의 관계는 어떤가요?

차 많이 좋아졌어요. 홍보나 마케팅은 선수들이 많이 도와줘야 하는데 예전에는 선수들의 도움을 받기가 어려웠어요. 경기하고 훈련하느라 힘들고 피곤하니까요. 하지만 요즘은 선수들도 홍보에 힘써야 하는 이유를 알아요. 매년 적자를 보면서도 야구단을 운영하는데 선수단이 팬 서비스를 하지 않으면 결국 선수들이 손해라

프런트와 선수들의 교류도 중요해요.

는 걸 인지하고 요즘은 굉장히 적극적으로 하고 있어요. 물론 프런트도 선수들 훈련할 때는 조심하고, 요청 사항이 있으면 선수들이 준비할 수 있도록 미리 공지를 해요. 지금은 프런트와 선수의 교류가 많아서 형 동생 하는 사람들도 많고 관계가 좋아요.

편 선수들의 홍보 영상도 많이 촬영하더라고요.

차 네. 선수, 감독, 단장이 전면에 나서니까 팬들이 제일 좋아해요. 팬들은 선수들 일상도 궁금하고, 보고 싶은 마음이 크거든요. 만약 사장님이 홍보 영상을 촬영한다고 해보세요. 누가 보겠어요.^^ 보고 싶어 하는 선수들을 보여줘야죠. 저도 우리 직원들에게 선수들과 잘 교류하라고 당부해요. 프런트와 선수가 합심해서 팬이 좋아할 이벤트를 하면 팬은 당연히 야구장으로 오게 되어 있어요. 이런 선순환이 일어날 수 있도록 하는 것이 중요하죠.

성취감을 느끼는 순간은 언제인가요?

편 성취감을 느끼는 순간은 언제인가요?

차 이겼을 때죠. KBO 리그는 포스트시즌과 시범경기를 빼고 1년에 정규시즌만 144경기를 해요. 매일 경기를 하는 거죠. 매일 일희일비(一喜一悲) 하는 거예요. 패배하면 뒷머리가 확 당기면서 뻐근해지고, 반대로 이기면 기분 아주 좋죠. 이런 소소한 성취감을 느끼다가 포스트시즌 때 폭발하는 거예요. 이기면 선수단, 프런트 모두 그라운드로 뛰쳐나와서 환호하고, 팬들도 노래 불러주고, 눈물 흘리면서 행복해하거든요. 이런 희열이 있어서 힘들어도 계속 일하게 되는 거 같아요.

좌절감을 느끼거나 포기하고 싶었던 때가 있었나요?

🔲 반대로 좌절감을 느끼거나 포기하고 싶었던 때가 있었나요?

🔲 아무것도 도와줄 수 없을 때요. 사장님도 항상 말씀하세요. "내가 할 게 없다, 내 힘으로 도저히 안 된다." 프런트가 할 수 있는 게 없을 때 엄청난 좌절감을 느껴요.

간혹 시합이 잘 안 풀릴 때는 경기 진행에 대해 감독에게 얘기를 하라고 하는 팬들도 있어요. 하지만 단장이 해서는 안 될 것들이 있어요. 현장에 간섭하면 안 돼요. 관심은 괜찮지만 간섭은 안 되거든요. 전쟁터에 나가는 장수에게 간섭을 할 수는 없죠. 어쨌든 결과가 안 좋으면 굉장히 좌절감을 느끼죠.

🔲 경기 시작하기 전에 경기 운영과 관련해서 회의를 하지 않나요?

🔲 전략분석팀과 감독, 코칭스태프가 참석한 회의를 해요. 매일 회의를 하고 그 결과를 전략분석팀장이 저에게 보고를 하죠. 저도 참석하고 싶지만 단장이 참석하면 월권이 돼요. 감독도 불편하고요. 팀장이 참석해서 오늘 경기 전략에 대한 얘기를 나누고, 저는

그 결과를 보고받아요.

회의 결과에 대해서는 이렇다, 저렇다 코멘트를 하지는 않아요. 담당자들이 정한 결과에 대해 제가 훈수를 할 수도 없고 소용도 없어요. 대신 회의에 따라 경기 진행을 했는데 결과가 좋지 않았을 때는 다음 회의에서 의견을 말하기는 해요. 협의하고 조율하는 미팅을 많이 하는 편이에요.

편 시즌 중에는 경기 운영이나 전략에 대해 감독님과 따로 회의하는 건 거의 없겠네요.

차 네. 회의는 안 해요. 그렇다고 교류가 없는 건 아니고 식사를 하면서 이런저런 대화를 나눠요. 원정 경기 때도 식사하면서 "감독님, 뭐 도와드릴 거 없습니까?" 하죠. "2군 쪽에 괜찮은 선수가 있다는데 한 번 체크해 보시는 게 어떻겠습니까, 감독님 눈으로 확인하는 게 낫지 않겠어요." 이런 정도의 얘기를 해요.

편 스트레스는 어떻게 해소하세요?

차 앞에서 말씀드렸던 '오기'를 해요. 스트레스가 쌓이면 걸으면 돼요. 제가 좋아하는 라틴어가 하나 있어요. '솔비투르 암불란도 (Solvitur Ambulando)'라고 걸으면 해결된다는 뜻이에요. 철학자 소크라테스, 플라톤, 아리스토텔레스, 괴테까지 걸으면 해결된다고 하면서 다들 걷기를 많이 했대요. 걸을 때도 음악을 듣거나 하지 않고 그냥 걷기만 해요. 걷기에도 단계가 있어요. 처음 20분 동안은 원망, 성토, 비방 이런 것들이 막 쏟아져요. 어휴, 시합을 왜 그렇게 했냐는 원망의 마음이 들어요. 그러다 20분 정도 지나면 해결책을 찾게 돼요. 그리고 1시간 정도 지나면 오늘 준비 잘해야지 하는 마음이 들게 되죠. 점점 화해와 용서의 단계로 나아가는 거예요.

편 하루를 굉장히 길게 사시는 것 같아요.

차 네. 집에 가면 자기 바쁘고 눈 뜨면 나오기 바빠요. 막내가 이제 4살인데 미안하죠. 자는 것만 볼 때가 많아요. 가끔 쉬는 날 놀아주는 정도예요.

야구 외에 즐기는 운동이 있나요?

편 야구 외에 즐기는 운동이 있나요?

차 없어요. 물론 사회생활을 해야 하니까 골프는 가끔 하지만 그외에 하는 것은 없어요. 따로 시간 내서 다른 스포츠를 하기에는 시간적 여유가 없어요. 공부해야 할 것도 많고, 책도 좀 더 읽어야 하니까 시간이 없죠. 아침에 걷는 것만으로도 운동은 충분히 되는 거 같아요. 잠실경기장에서 동호대교까지 갔다 오면 3시간 걸리거든요. 17km 정도 될 거예요.

프로야구프런트로 성공할 수 있는 팁이 있다면 알려주세요

편 프로야구프런트로 성공할 수 있는 팁이 있다면 알려주세요.

차 저희 아버님이 이런 말씀을 해 주셨어요. "너는 재능이 떨어지니까 부지런함으로 승부를 해라." 그래서 어떤 문제가 생기면 남들보다 시간을 2~3배 더 투자를 해요. 제가 뛰어나지는 않지만 다른 사람들보다 더 많이 시간을 써서 여기까지 왔다고 생각해요. 프런트도 마찬가지예요. 시간 맞춰 출퇴근만 하는 직원들은 그냥 직장인이에요. 거기서 한발 더 나아가 스페셜리스트가 되려면 시간을 더 많이 활용해야 해요. 좋아하면 그렇게 됩니다.

프로야구
프런트란

프로야구프런트라는 직업에 대해서 소개해주세요

편 프로야구프런트라는 직업에 대해서 소개해주세요.

차 사전적으로 프로야구프런트는 프로야구단을 이끄는 조직을 뜻해요. 프로야구뿐만 아니라 모든 스포츠팀에서 구단 운영을 담당하는 직무 체계, 혹은 직무 담당자들을 프런트라고 불러요. 이들을 총괄하는 사람이 바로 단장(General Manager)이고요. 단장과 프런트는 구단 운영, 마케팅, 홍보, 선수 육성, 트레이드 등 경기 외 모든 업무를 담당해요.

선수단을 서포트 하는 직업이라 스포츠 현장에 대한 이해도가 높아야 해요. 프로야구 경기를 저녁에 하기 때문에 일반 회사원처럼 출퇴근이 확실히 정해져 있지 않다는 특징이 있죠. 그래서 프로야구프런트는 유동성이 있는 조직이에요. 그리고 성적에 따라서 미래와 입지가 많이 달라질 수도 있고요. 어떻게 보면 상당히 좋은 직장이기도 하면서 굉장히 어려운 직장 중에 하나라고 생각해요. 하지만 일반적인 회사에서 얻지 못하는 성취감, 희열감은 있죠.

구체적으로 어떤 일을 하나요?

📖 구체적으로 어떤 일을 하나요? 실제 부서를 예로 들어 설명해 주세요.

🚗 운영1팀, 운영2팀, 스카우트팀, 데이터분석팀, 홍보팀, 경영기획팀, 마케팅팀, 구장관리팀, 디지털 커뮤니케이션파트 이렇게 나뉘어 있어요.

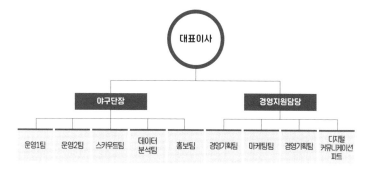

운영팀은 흔히 프런트의 꽃이라고도 불리는데 선수단을 지원하는 부서예요. 1팀은 1군을, 2팀은 2군을 담당하고 있죠. 데이터분석팀은 말 그대로 분석을 통해 선수들의 역량을 높이는 노력을 해요. 분석에는 영상 분석과 데이터 분석이 있는데요, 영상 분석이라는 건 경기 화면을 보면서 상대 팀 선수의 습관 등을 분석하는 거예요. 투수가 공을 던지기 전 저런 습관을 보이면 어떤 공을 던질 것이다 등의 분석을 하는 거죠. 만약 우리 팀이 부진하다면 영상을 보면서 좋았을 때의 모습, 현재의 모습 등을 비교 분석하기도 해요. 이런 영상 분석은 주로 선수 출신들이 하죠.

반대로 데이터 분석은 선수 출신이 하기 어려워요. 왜냐하면 통계적인 베이스가 있어야 하거든요. '세이버메트릭스*'라는 이론이 있어요. 기존의 주먹구구식의 선수 평가론이 아닌 야구선수에 대해 좀 더 객관적인 평가를 하기 위해 창안된 이론인데 이걸 바탕으로 분석하기 때문에 통계 전공자가 유리하죠.

스카우트팀은 선수단 전력 구성을 위해 매우 중요한 팀이에요. 아마추어 경기를 보면서 선수들을 체크하고, 시합이 없는 날에는 학교에 가서 선수 정보를 수집해요. 유망주를 발굴해 프로야구 스타로 성장하면 스카우트로서 보람을 느끼게 되죠.

홍보팀은 프로야구의 이미지, 브랜드 관리를 위해 중요한 역할을 해요. 언론을 상대해야 하기 때문에 스트레스가 있지만 언론

---

* 세이버메트릭스(Sabermetrics) : 야구에 사회과학의 게임 이론과 통계학적 방법론을 적극 도입하여 기존 야구 기록의 부실한 부분을 보완하고, 선수의 가치를 비롯한 '야구의 본질'에 대해 좀더 학문적이고 깊이 있는 접근을 시도하는 방법론이다.

에 우리 선수의 좋은 기사가 나오고 회사 이미지가 좋아질 때면 성취감이 높아져요.

마케팅팀은 야구단의 행사, 이벤트, 광고 등 구단 수입에 도움이 되는 일을 하고, 팬 유치를 위해 노력하는 부서예요.

경영기획팀은 예산을 관리하는 부서로 구단 운영을 알 수 있는 곳이에요.

편 운영팀은 선수들과 밀접하게 연관돼 있는 부서인 것 같은데 선수 출신이 많나요?

차 그렇지는 않아요. 선수 출신도 있지만 그냥 평범하게 입사해서 부서에 배치된 직원도 있어요. 현재 운영팀장도 입사한 지 20년 정도 됐는데 운동선수 출신은 아니에요. 입사한 후 홍보팀, 경기지원팀 등 여러 부서를 거쳐 운영팀을 맡고 있죠.

편 보직 발령은 단장님이 하는 건가요?

차 네. 선수단 운영과 관련한 부서는 제가 권한을 갖고 있어요. 사람마다 잘하는 분야가 있잖아요. 제가 평소 눈여겨보다가 적재적소에 배치하려고 노력하고 있어요. 어느 부서에는 누가 적합하다는 생각이 들면 사장님께 보고해서 인재 관리를 하죠. 부서 전환에 대해서는 본인이 지원하는 경우도 활발한 편이에요. 예를 들어, 마케팅 부서에서 일하는 직원인데 운영팀에서 일하고 싶다면 저에게 요청을 하는 거죠. 그리고 보직 순환 시스템이 있어서 업무 전환이 불편하지는 않아요. 단장이 5개 부서를 담당하고 있고, 선수단과 직접적인 연관이 부족한 마케팅팀, 경영기획팀 등은 CFO가 담당하고 있어요.

🔲 프런트는 운영팀에서 일하는 것을 선호하나요?

🔲 스포츠를 좋아하는 사람들은 운영팀에서 일하고 싶어 하죠. 그런데 이 부서가 워낙 스트레스가 많은 곳이에요. 선수 못지않게 스트레스를 받는 부서죠. 그럼에도 불구하고 스포츠단에서 일하는 사람이라면 운영팀을 해보고 싶어 해요. 기본적으로 스포츠를 좋아해서 입사한 경우가 많기 때문에 선수들 곁에서 지원하고 싶은 마음이 큰 거죠.

　야구 좋아하는 사람이라면 야구단, 그중에서도 특히 운영팀을 아주 좋아해요. 선수들과 같이 호흡할 수 있으니까요. 프로야구뿐만 아니라 스포츠단의 프런트는 자신이 좋아하는 종목에서 일할 수 있다는 점에서 좋은 것 같아요. 그야말로 '덕업일체'인 셈이 되는 것이니까요. 일하면서 보람도 느끼고 더 행복하게 일할 수 있을 거 같아요. 사실 직장에서 일한다는 것이 힘들잖아요. 때로는 그만 두고 싶을 때도 많을 텐데 자신이 좋아하는 분야에서 일할 수 있다면 그것만큼 좋은 게 없죠.

LG 트윈스 워크숍

편 외국의 프로야구프런트와 다른 점이 있나요?

차 규모가 다르죠. 미국은 매표소에서 티켓 판매하는 인원만 200명 가까이 되고 프런트 인원도 많아요. 직무도 디테일하게 나뉘어 있어요. 오너가 있고, 체어맨(Chairman)이 2~3명, 프레지던트(president)가 5~6명이고, 우리나라 기준으로 상무나 전무에 해당하는 바이스 프레지던트(vice president)도 8명 정도 돼요. 그리고 특보들도 많아요. 구단주 특보, 사장 특보, 단장 특보 등으로 세분화되어 있어요. 실무를 담당하는 직원들 수도 상당하고요. 특히 예산 규모가 엄청나게 차이가 있어요. 메이저리그는 거의 조 단위로 예산이 편성되니까요. 규모의 차이라고 할 수 있을 것 같아요.

편 해외 연수 경험이 있으신가요?

차 없어요. 가고 싶었는데 못 갔어요. 연수는 못 갔지만 메이저리그 해설을 하면서 해외 야구 시스템에 대해 많이 배웠어요. 예전에는 인터넷도 활발하지 않았고, SNS도 없었기 때문에 한 번 다녀오면 굉장한 경력이 됐어요. 하지만 지금은 국내에서 이메일로 주고받는 것과 별 차이가 없는 것 같아요.

해외 시스템을 배우기 위해 외국을 간다면 연수보다는 대학에 진학해야 한다고 생각해요. 언어가 통하지 않아 눈으로만 보는 단기 연수는 얻는 것이 별로 없어요. 직접 소통해야 하죠. 10개월 정도의 단기 연수가 아닌 최소 3년 정도는 공부해야 제대로 알 수 있다고 생각해요.

우리나라에서 프로야구프런트로 활동하는 사람이
얼마나 되나요?

편 우리나라에서 프로야구프런트로 활동하는 사람이 얼마나 되나요?

차 저희 구단은 정직원이 48명이에요. 그 외에 현장 직원이라고 해서 야구단의 일을 도와주는 직원이 있어요. 불펜 포수라든지, 전력분석원들 모두 합하면 80여 명 정도 돼요. 다른 구단도 비슷할 거 같아요. 구단별로 정직원이 40~50명, 10개 구단을 합하면 프런트 인원이 400~500명 정도 되겠네요. 요즘은 현장을 도와주는 계약직 직원들이 늘어나는 추세예요. 그리고 데이터분석 업무에도 인원이 늘어나고 있고요. 계약직까지 하면 구단별로 80~100명은 될 거 같아요. 관련 종사자가 500~1,000명 정도 된다고 생각해요.

미국의 프로야구프런트는 정직원이라는 개념이 없어요. 단장이 새로 선출되면 그에 따라 직원도 바뀌는 거죠. 특히 팀장급은 단장과 오래 같이 일한 사람들로 꾸려져요. 팀 단위로 움직인다고 보면 될 거 같아요. 우리와는 다르죠.

여성 비율은 20퍼센트 정도 돼요. 대부분 마케팅과 지원팀 소속이죠. 우리 구단에는 전력분석팀에도 1명 있어요. 홍보팀도 가능하긴 한데 기자들을 상대하는 언론 홍보는 좀 어렵고 SNS 홍보 업무 등을 담당할 수 있을 것 같아요.

편 드라마와는 많이 다르네요. 드라마에서는 운영팀장이 여성이었거든요.

차 그런 경우는 없어요. 메이저리그에서도 여자 트레이너 등을 이색적이라고 기사가 날 정도거든요. 기본적으로 선수 입장에서는 여자가 불편한 측면이 있어요. 라커룸에서는 벗고 있기도 하니까요.

편 선수와 비선수 비율은 어떻게 되나요?

차 7 대 3 정도예요. 비선수가 7이죠. 30퍼센트의 선수 출신은 주로 스카우트팀과 전력분석팀에서 활동하고 있어요. 스카우트팀은 모두 선수 출신이고 전력분석팀 11명 중에 6명이 선수 출신이에요. 운영팀도 선수 출신이 2명 있고요.

밖에서 보는 프런트와 직접 운영하는 프런트는
어떤 점이 다르게 느껴지나요?

편 밖에서 보는 프런트와 직접 운영하는 프런트는 어떤 점이 다르게 느껴지나요?

차 밖에서 볼 때는 하는 일 없이 노는 줄 알았어요.^^ 그런데 직접 해 보니 그게 아니에요. 할 일이 너무 많더라고요. 압박감도 크고요. 내가 잘 모르는 분야에 대해서 쉽게 얘기하면 안 된다는 걸 많이 느꼈어요. 매일 경기를 보고, 각 팀의 보고를 받는 것만 해도 시간이 많이 필요해요. 운영1, 운영2, 홍보, 전력분석, 스카우트 이렇게 5개 부서를 총괄하고 있으니까요.

편 이 일을 하는데 필요한 역량은 무엇인가요?

차 역량이라는 게 사실 기술적인 부분이잖아요. 감각도 뛰어나야 하고, 리더십도 있어야 하죠. 하지만 제가 생각하는 역량은 부지런함인 것 같아요. 열심히는 하는데 성과가 없다는 평가를 받는 사람들도 있어요. 그런 경우가 조직에서 가장 힘든 케이스예요. 열심히 안 해서 성과가 없으면 내보내면 돼요. 그런데 성실하게 일을 열심히 하는데 성과가 없는 경우는 그 사람의 잘못이 아니에요. 리더의 잘못이라고 생각해요. 지시를 잘못한 거죠. 열심히 한다는, 기본적인 소양을 갖춘 사람은 리더만 제대로 만나면 분명히 성과를 내요. 저는 열심히 하는 것도 역량이라고 생각해요. 그런 사람이 좋아요.

제가 선수들이나 직원들에게 '시간의 축적'이라는 말을 많이 해요. '헤겔의 변증법'에 의하면 질적 변화는 양적 변화에서 시작한다고 해요. 이 말을 제 철칙으로 삼고 있어요. 저는 무슨 일이든 시간을 많이 투자해요. 열심히 하면 그만큼의 결과가 나타난다고 생각하거든요. 선수를 예로 들면 임계점에서 포기하는 선수들이 많아요. 그 임계점을 넘어서지 못하면 물이 끓지 못하고 99℃에서 끝나

열심히 하는 것, 그 자체가 역량이라고 생각해요.

버려요. 임계점을 넘어설 때까지 계속 열심히 노력해야 하는 거죠.

역량이라는 건 일단 버티는 것부터 돼야 해요. 그러니 시간을 버티는 것, 시간의 축적이 가장 중요하죠. 그리고 좋은 방향을 제시할 수 있는 리더를 만나면 분명히 성공한다고 생각해요.

미래에도 필요한 직업인가요?

⊞ 미래에 많은 직업이 AI로 대체될 것이라고 하는데, 이 직업은 어떤가요?

⊞ 스포츠 분야에서 인공지능이 도입된다면 아무래도 데이터분석 쪽이 되겠죠. 하지만 스포츠는 몸을 써야 하는 거잖아요. 사람이 할 수밖에 없는 분야라고 생각해요. 심판은 로봇 심판이 등장한다고 하는데 로봇 심판에 대한 거부감이 많아요. 기술적으로도 부족하고 일단 재미가 없어요. AI가 추구하는 것은 효율성, 편리함이잖아요. 그런데 생각해 보면 스포츠에서 효율과 편리함을 추구하면 재미가 없어요. 스포츠는 땀을 흘려야 좋은 성과가 나오는 분야예요. 대중에게 감동을 줄 수 있죠. 그리고 '정'으로 표현되는 사람과의 관계를 AI가 과연 설명할 수 있을까 싶어요. AI가 스포츠를 한다면 감동을 느낄 수 있을까요? 인공지능이 양궁에서 10점을 계속 맞춘다고 우리가 눈물이 날까요? 물론 전력을 보강할 수 있는 훈련법이라든지, 데이터분석은 AI가 잘할 수 있겠지만 직접 몸으로 부딪히면서 느낄 수 있는 희열, 감동은 전할 수 없다고 생각해요.

프런트 업무에서는 AI가 도입되면 바뀔 부분이 있을 것 같아요. 아까 말씀드렸던 데이터분석 쪽이 가장 빨리 반응을 보일 수 있겠죠. 회계 분야도 마찬가지고요. 하지만 프로야구프런트는 기본적으로 사람의 힘이 많이 필요한 직군이라고 생각해요. 그런 면에서 매력 있는 직업이죠. 우리가 어떻게 의사결정하고 방향을 잡느냐에 따라 많은 차이가 있거든요. 우리 직원들도 그런 걸 재미있어 해요. 본인의 역할에 따라, 어떻게 하느냐에 따라, 의견이 반영되는 거에 대해 동기부여가 많이 되는 것 같아요. 그런 면에서 사람이 중요한 일이에요.

LG 트윈스 프런트가 주축이 되어 실행하는 러브그린 캠페인

프로야구 프런트가 되는 방법

프로야구프런트가 되는 일반적인 방법은 무엇인가요?

편 프로야구프런트가 되는 일반적인 방법은 무엇인가요?

차 이 일은 프로야구단 내에서 하는 일이잖아요. 인원수가 그렇게 많지 않아요. 일반 대기업처럼 상시 채용을 하는 게 아니죠. 결원이 생겨야 채용할 수 있기 때문에 채용 시기가 불규칙해요.

보통 경력직인 경우에는 헤드헌터를 통해서 채용하고, 신입직원인 경우에는 리쿠르트 사이트 등에 채용 공고를 내요. 최근에는 홈페이지에 채용공고를 내기도 했어요. 이렇듯 야구단의 직원모집은 대규모 공개 채용보다는 소규모 수시 채용이 주를 이루기 때문에 지속적인 관심이 필요해요.

편 LG 구단도 인턴제도를 운영하고 있나요?

차 네. 저희는 인턴제도를 시행하고 있어요. 인턴의 경우 대학교나 리쿠르트 추천을 받아서 면접을 보고 채용해요. 인턴 기간은 보통 1~2년 정도인데 마케팅이나 홍보팀에서 일하고 있어요. 운영팀에서 일할 수도 있고요.

인턴을 하고 싶어 하는 젊은 사람들이 많아요. 인턴 경험이 좋은 경력으로 작용하는 것 같더라고요. 야구단뿐만 아니라 다른 운동 종목이라든지, 일반 회사에 입사 지원할 때도 플러스 알파가 되는 것 같아요.

편 정규직으로 전환되는 경우도 있나요?

차 일단 인턴십은 정규직 전환을 목표로 한 제도가 아니에요. 청년들에게 스포츠단 경험을 할 수 있도록 한 제도죠. 그렇기 때문에 특별한 케이스가 아닌 한 인턴이 정규직이 되는 일은 흔치 않아요. 정규직이 필요한 경우에는 따로 공개채용을 하죠. 물론 프런트에 관심이 있는 인턴이라면 채용 공고를 보고 지원할 거예요. 인턴 경험이 좋은 점수를 얻게 되겠죠.

유리한 전공이 있나요?

편 유리한 전공이 있나요?

차 스포츠 전공이 딱히 유리하다고 생각하지는 않아요. 각 학과마다 장단점이 있으니까요. 프런트의 30퍼센트 정도가 야구선수 출신이에요. 그런데 운동선수 출신 비율이 그 이상이 되면 야구단이 정체될 수도 있어요. 프런트라는 직업이 현장에만 필요한 일이 아니고 기획도 하고 전략 수립도 해야 하므로 일반적인 사무 능력도 있어야 하죠. 그리고 어떤 조직이든지 조화가 중요하잖아요. 한 분야에 치우치지 않는 것이 좋은 것 같아요.

물론 업무에 따라 유리한 전공이 있기는 하죠. 상경계열의 경우에는 업무 활용 폭이 넓은 편이에요. 그리고 통계학 전공도 유리한 것 같아요. 통계를 하면 다양하게 쓰일 수 있어요. 야구 통계뿐만 아니라 팬들의 DB 관리도 할 수 있으니까요.

편 기본적으로 야구를 좋아해야 하겠네요.

차 물론이죠. 면접에서는 지원자들 모두 야구를 좋아한다고 하는데 채용 후에 보면 아닌 경우도 간혹 있어요. 그런데 이 일은 야구를 좋아하지 않으면 버티지 못해요. 프런트의 대부분이 야구단 근무의 장점으로 '야구' 그 자체라고 할 정도예요. 야구를 좋아하는 사람이라면 근무환경 자체가 매력인 거죠. 그래서 보통은 자신이 응원하는 구단에 지원하는데 여건이 맞지 않아 다른 구단 팬이 입사하는 경우도 있어요. 이런 경우에는 입사하고 난 후에 모두 LG 팬으로 바뀌죠. 안 바뀔 수가 없어요. 본인이 괴로워서 다닐 수가 없거든요.^^

편 외국어를 잘해야 하나요?

차 네. 외국어를 잘하면 유리해요. 외국인 선수를 스카우트 할 수도 있고, 외국인 선수를 상대하기에도 좋죠. 미국이나 일본과는 구단 간 교류가 있어요. 지금은 코로나19로 인해 갈 수 없지만 스프링캠프를 보통은 미국이나 일본으로 가거든요. 외국어, 특히 영어 회화를 잘하면 도움이 많이 돼요.

편 유학이 필요한가요?

차 해외 야구 시스템을 배우면 좋겠지만 반드시 필요한 것 같지는 않아요. 언어가 된다면 연수 등을 통해 메이저리그를 경험하는 것은 좋은 것 같아요. 눈으로만 보는 것이 아닌 직접 소통할 수 있으면 짧은 시간에도 많은 걸 배울 수 있겠죠.

어떤 자질을 갖추어야 하나요?

편 어떤 자질을 갖추어야 하나요?

차 열정이 있어야 해요. 야구에 대한 열정뿐만 아니라 직업에 대한 열정도 포함해서요. 그리고 기본적으로 희생정신과 사명감이 있어야 하죠. 프런트 중에는 야구를 원 없이 볼 수 있어서 좋다는 사람들이 있어요. 그런데 그런 사람들이 또 나가는 경우도 많아요. 왜냐하면 단순히 즐기기 위해 입사하면 버틸 수가 없거든요. 거의 3D 업종에 가까운 일이에요. 그러니까 야구를 진짜 좋아하지 않으면 하기 어려운 거죠.

야구에 대한 열정이 있어야 해요.

학창 시절에 어떤 준비를 하면 좋을까요?

📧 학창 시절에 어떤 준비를 하면 좋을까요?

🅱 일단 야구를 좋아하는 학생이라면 크게 준비할 사항은 없을 것 같아요. 다만 기본적으로 외국어 공부는 착실하게 하면 좋을 것 같아요. 외국어, 특히 영어 회화를 잘하면 여러 가지 기회가 생기거든요.

제가 팬들과 소통을 많이 하는데 그중에는 학생들도 있어서 얘기를 들어 보면 에이전트를 희망하는 학생도 있고, 프런트에 대해 궁금해하는 하는 학생도 있더라고요. 일단 야구단이라는 것 자체로 다들 재미있어해요. 관심을 가지고 도전한다면 기회는 충분하다고 생각해요.

프로야구
프런트가
되면

연봉은 어느 정도인가요?

📭 연봉은 어느 정도인가요?

🚗 우리 구단은 LG 트윈스로 LG 그룹이잖아요. 정직원 신입사원의 경우 계열사에 준하는 신입사원 연봉을 받게 되어 있어요. LG전자의 초봉과 비슷하다고 생각하시면 되는 거죠. 요즘은 리쿠르트 사이트나 기사 등을 검색해 보면 각 그룹별 연봉이 공개되어 있더라고요. 저희도 회사원이니까 그 정도 수준으로 받고 있어요. 연봉 체계는 그룹과 비슷합니다.

📭 인센티브(성과급)가 있나요?

🚗 네. 성적에 따라 차등 지급되는 방식이에요. 인센티브라는 것이 조직의 목표달성과 직원의 참여, 몰입을 유도하는 보상의 개념이잖아요. 우승하면 인센티브도 가장 많고, 2등일 때는 조금 줄어드는 식으로 연봉에 따라 지급되는 거죠. 야구단의 경우에 우승하면 연봉의 50퍼센트 인센티브가 보편적인 것 같아요. 외부에서 보기에 높다고 생각할 수도 있지만 야구단의 최종 목표는 우승이고 오로지 한 팀만이 달성할 수 있기 때문에 쉬운 일은 아니에요.

우승이 아니더라도 플레이오프 진출부터는 소폭이지만 지급 돼요. 그리고 연말에 우수사원 시상 등을 통한 상여금이 있어요. 그룹의 시스템이 적용되고 있는 거죠.

여담인데 제가 2018년 10월에 발령받아 왔을 때 우리 팀이 8위였어요. 사무실에 왔는데 와~ 온기가 하나도 없었어요. 웃는 사람이 아무도 없고 회사 들어오는데 냉기로 인한 엄습함이 무섭기까지 하더라고요. 그때 생각했죠. 내가 있는 한 포스트시즌은 무조건 올라가야 하겠다고요. 내가 도저히 이 꼴은 못 보겠다 싶었어요. 포스트시즌에 떨어진 프런트는 진짜 있을 곳이 못 된다는 것도 그때 처음 알았어요. 프런트의 수장으로 첫 부임했을 때 결심했죠. 적어도 내가 단장으로 있는 한 나와 같이 일하는 구성원들의 겨울은 따뜻하게 해줘야 하겠다고 생각했어요. 그렇게 열심히 해서 2019, 2020년 모두 포스트시즌에 진출했어요.

사실 저는 보너스를 안 받아도 괜찮아요. 원래 단장이라는 위치가 기본적으로 연봉이 직원들보다 훨씬 많잖아요. 하지만 직장인의 입장은 그렇지 않죠. 젊은 사람들은 은행에 대출도 있을 텐데 팀 성적으로 인해 구성원들이 행복하지 않는 건 바라는 바가 아니죠. 같이 사는 사람들이 다 행복해야죠. 그런 이유로 좋은 성적을 내기 위해 더 노력하게 돼요.

편 직급 체계는 어떻게 되나요?

차 신입부터 3년 차까지는 직원, 4년 차가 되면 선임이라고 해요. 그다음이 책임인데, 일반 회사에서의 과장에 해당하는 직책이에요. 보통 과장부터 부장까지가 책임이고, 그 책임들 중에서 팀장이 되죠. 야구단의 특수성은 아니고 LG 그룹의 직급 체계를 따르고 있어요. 야구단장은 일반 회사와 비교하면 상무에 해당한다고 할 수 있죠.

팀 성적에 대한 책임은 프런트에 있나요?

편 팀 성적에 대한 책임은 프런트에 있나요?

차 책임이 프런트에 있다고 생각하지는 않고요, 팀 성적에 관한 책임은 사실 감독과 단장한테 있는 거죠. 프런트에 책임을 지운다는 거에 대해서는 잘못됐다고 생각해요. 일반 직원들이 무슨 죄가 있겠어요. 모두 단장의 지시를 받아서 하는 거죠. 그러니까 그 책임은 오롯이 단장에게 있는 것이고, 현장은 감독의 책임이죠. 그래서 하위 성적에 대한 책임을 지고 감독이나 단장이 물러나는 경우가 있는 거예요.

프런트가 직접적인 영향을 받지는 않지만 그런 건 있죠. 부서마다 실적이라는 게 있잖아요. 예를 들어 마케팅 부서는 관중 유치에 대한 목표가 있을 것이고, 우리가 흔히 'KPI(Key Performance Indicator, 핵심성과지표)'라고 얘기하는, 성과에 얼마만큼 도달했는지로 평가를 받기 때문에 팀 성적이 좋지 않으면 각 부서의 성과도 그만큼 낮아지는 거죠.

야구단의 수익 창출도 프런트의 역할인가요?

편 야구단의 수익 창출도 프런트의 역할인가요?

차 네. 야구단의 수익은 대부분 관중 수입, 광고비 등이 있어요. 야구장 내에서 홍보하는 광고에 대한 수익이 있고, 그 외에 TV 중계권료가 있죠. 예전에는 적자 폭이 컸는데 지금은 많이 줄어든 편이었어요. 그런데 코로나19로 인해 관중 입장이 제한되고 감소해서 다시 손실이 커지고 있어요. 수익이 줄어들면 인센티브를 받지 못할 수도 있고, 받더라도 모든 직원에게 혜택이 돌아가기 어려울 수도 있으니 아쉽죠. 코로나19로 인한 타격이 커요.

복지는 어떤가요?

편 복지는 어떤가요?

차 자녀 학자금 지원, 건강검진, 여가 활동비, 도서구입비 등 여러 혜택이 있어요. 제가 평소에 도서 구입으로 일 년에 약 250만 원을 썼는데 여기 와서는 따로 지출한 적이 없어요. 구단에서 지원해주는 비용으로 사용하고 있죠. 제가 선수들에게 강연도 하고 있어서 관련 책을 신청하면 구단에서 구입해줘요. 그렇게 구입한 책은 사무실에 다 비치해뒀어요. 직원들도 자유롭게 보라는 의미죠.

단장으로 오기 전에는 책을 살 때 직접 서점에 가서 구입했어요. 매장 직원 중에 제 팬도 있더라고요.^^ 그렇게 많이 구입하다 보니 교보문고 프리미엄 회원이 됐어요. 서점 직원에게 들었는데 교과서나 참고서, 잡지를 제외한 일반도서를 일 년에 100권 이상 구입하는 사람의 비율이 0.05퍼센트 밖에 안 된대요. 그 정도로 독서 인구가 적다는 거죠. 제가 그중의 한 명이라고 하더라고요. 그런데 단장을 맡고 난 후에 제 이름으로 책을 안 샀더니 일반 회원이 된 거예요. 얼마 전에 약속 시간이 좀 남아서 서점에 들렀다가 책을 세 권 샀어요. 『부의 품격』 『왜 일하는가』 『혼돈의 시대 리더의 탄

생』 이렇게 사면서 카드를 냈더니 "어? 프리미엄 회원이셨는데 왜 일반 회원이 되셨죠?"라고 하더라고요. 평소에 책을 많이 읽는 사람은 계속 책을 사거든요. 그런데 2년 동안 책을 안 샀다는 기록이 나오니 아주 의아했나 봐요. 어디 외국에 다녀왔냐고 하더라고요.

편 근무 시간은 어떻게 되나요?

차 법정근로시간이 주 40시간 최대 52시간이잖아요. 저희도 똑같아요. 다만 출퇴근 시간의 차이가 있죠. 리그가 시작되면 야구 경기 시간에 맞춰 근무해야 하기 때문에 1시 30분에 출근해요. 오후에 출근해서 8시간 일하고 시즌이 끝나면 9 to 6가 되는 거죠.

　시즌 중에는 월요일이 휴일이고 경기가 있는 주말에 출근을 하게 되면 그 시간을 고려해서 휴무를 정해요. 아무래도 평일에 쉬는 경우가 많죠. 만약 휴무가 안 되면 근무 수당 지급하고요. 그리고 시즌이 끝나고 겨울에는 대체 휴무로 토, 일, 월요일이 휴일이에요. 겨울에는 정말 좋죠. 일주일에 3일을 쉰다니 직장인들은 정말 좋아하더라고요. 저는 어차피 주 52시간 근무에 해당이 되지 않는 직책이라 일주일 내내 출근하지만 직원들은 진짜 좋아해요. 겨울에는 3일씩 쉬고, 업무도 어떻게 보면 좀 자유롭잖아요. 그런 면에서 장점이 있죠.

근무 여건은 어떤가요?

편 사무실 환경이나 분위기는 어떤가요?

차 기본적으로 캐쥬얼한 분위기예요. 복장도 일반적으로 구단 점퍼를 입으니까 편안한 복장이고요. 구단에서 모두 제공해 주거든요. 이런 것도 복지라면 복지일 수 있죠. 바람막이 아우터, 운동화 등도 하나씩 제공되고, 해마다 교체도 해주고요. 스포츠용품 구입할 때는 직원 혜택이 있어서 30퍼센트 정도는 할인받을 수 있어요. 스포츠를 좋아하면 꿈의 직장이라고 할 수 있죠. 팀 성적만 잘 나오면 이보다 더 좋은 직장이 없는 것 같아요.

저는 이제 직장생활 3년째인데 이렇게 좋은 직장이 있을까 하는 생각이 들어요. 특히 야구를 좋아하는 사람이라면 더더욱 그렇죠. 야구 경기도 다른 사람들은 돈 내고 봐야 하는데 프런트는 가장 가까이에서 매일 볼 수 있으니까요. 선수들과 형 동생 하면서 친해질 수도 있고요. 그러다 보니 회사 분위기 자체가 경직되거나 하진 않아요. 이런 것들이 큰 장점이라고 생각해요.

편 직업병이 있나요?

차 글쎄요. 딱히 없는 것 같아요. 일반 직장인들은 월요병이 있잖아요. 그런데 야구단은 월요일이 휴일이니 월요병도 없고요. 성적과 관련해서 스트레스는 있겠지만 직업병이라고 할만한 건 없다고 생각해요. 스포츠를 좋아하는 사람에게는 꿈의 직장이니까요.

1년 중에 여유 있는 기간은 언제인가요?

편 1년 중에 여유 있는 기간은 언제인가요?

차 시즌이 끝나면 조금 여유 있어요. 내년 준비를 해야 하지만 직원들은 아무래도 겨울에 좀 여유가 있죠. 부서별로 조금씩 차이가 있기는 해요. 운영팀, 전략분석팀을 제외하고는 시즌 중에도 괜찮아요. 이미 준비해 놓은 사항을 진행하기만 하면 되니까요. 특별하게 업무에 치이고 그런 건 없는 것 같아요. 가장 바쁜 시기는 시즌이 시작되기 직전인 3월이에요. 시즌을 준비하느라 많이 바쁘죠.

편 홍보팀 같은 경우에는 돌발 상황이 생기면 힘들 것 같아요.

차 굉장히 힘들죠. 왜냐하면 기자들을 상대해야 하는데 아시다시피 극성스런 기자들도 있으니까요. 지금은 많이 달라졌지만 예전에는 기자들과 술도 자주 마셔야 했어요. 그래서 홍보팀 채용 항목에 성격, 주량 등이 암묵적으로 포함돼 있었어요. 친화력이 높고 술도 잘 마시면 좋거든요. 집에 좀 늦게 귀가해도 배우자가 이해를 해 줄 수 있는지도 파악하고요. 회사 일 때문에 가정불화가 생기면 안 되잖아요. 그런 것까지 감안을 해요. 밤늦게까지 기자들 상대해야 하는 일이 많을 텐데 괜찮겠냐고 물어보죠.

경기 끝나고 정리하면 밤 11시쯤 되는데, 그 시간이면 기자들도 기사 마무리한 다음이라 나가서 식사하자고 하거든요. 식사하면서 술도 한잔하게 되고요. 기자들 입장에서는 여러 가지 정보를 얻을 수 있고, 비하인드 스토리도 들을 수 있는 기회가 생기니까 술자리를 가지려고 하는 거죠. 그래서 홍보팀은 새벽에 귀가하는 일이 많았어요. 지금은 코로나 때문에 많이 달라졌지만요. 어쨌든 홍보 업무 특성에 맞는 사람을 잘 배치해야죠.

편 매체가 많은데 기자들은 몇 명이나 오나요?

차 코로나 시기가 아닐 때는 저희 경기하면 보통 20명 정도 와요. 그만큼 인터넷 매체가 많아졌다는 거죠. 지방은 그 정도는 아닌데 서울 경기에는 기자가 20~30명 정도는 되는 것 같아요.

선수 출신으로 프런트를 운영하는데 애로사항은 없나요?

편 선수 출신으로 프런트를 운영하는데 애로사항은 없나요?

차 걸어온 길이 다르잖아요. 저는 학창 시절에 운동만 했던 사람이라 아무래도 행정 업무에서 생소한 면이 있었어요. 서류 결재는 어떻게 해야 하는지, 회의는 어떻게 진행할지 등 이런 것들이 굉장히 생소하고 힘들었어요. 하지만 지금은 직원들과의 케미도 잘 맞고 좋아요.

저는 일반 임원들과는 다르게 조직을 운영하거든요. 사실 직원과 임원 사이에는 뭔가 보이지 않는 벽이 존재하잖아요. 저는 그 벽을 깨고 싶었어요. 그런 노력을 많이 했죠. 직원들이 하극상 비슷하게 저에게 화를 내거나 해도 저는 그냥 웃어요. 그러면 벽이 없어져요. 직원들에게 뭐라 하지 않으면 수평적인 관계가 잘 형성이 돼요. 제 원래 성향도 수직 관계, 상하 관계를 싫어해요. 장난도 많이 하고 농담도 좋아해서, 스물두 살 직원과 30년의 차이가 있지만 나이나 직책을 떠나 같은 위치에서 커피 마시면서 이런저런 얘기하는 문화를 만들어 싶었거든요. 실제 책을 읽고 공부해 보니까 외국의 혁신적인 기업들은 다 그렇게 한다고 해요. 잘 나간다는 기업들이 다 그렇게 한다는데 우리만 안 하는 것 같아요. 책에만 있지 현장에는 없더라고요. 그런 걸 꼭 해보고 싶어서 시도했고 지금 3년째인데 덕분에 우리 조직은 많이 유연해졌다고 생각해요.

저는 코치할 때도 선수들과 장난치면서 유연한 분위기를 만들고 훈련했어요. 외국인 코치들은 훈련 전에 한 번씩 선수들을 웃게 만들어요. 분위기를 가볍게 환기시키는 거죠. 그러면 훈련도 잘되는 것 같더라고요. 코치 때 그게 늘 고민이었어요. 오늘은 어떻게 한 번 웃기고 시작할까, 이 고민을 계속했어요. 만날 때마다 한 번은 웃게 만드는 거예요. 그러면 관계성이 좋아지더라고요. 코치 시절의 경험을 사무실에서도 하고 있어요. 장난이나 농담을 굉장히 많이 하죠.

이때 첫 번째 조건이 있어요. 제가 장난을 치거나 농담을 자주 하면 직원도 편하게 생각해서 저에게 비슷한 장난을 할 때가 생겨요. 편한 마음에 순간적으로 농담을 하거나 장난을 치게 되는 거죠. 그때가 중요해요. 그걸 어떻게 받아주느냐, 아주 호탕하게 웃으면서 싹 넘어가면 제가 의도한 분위기가 지속이 되는 거예요. 만약 그 순간에 "지금 뭐 하는 거야? 내가 네 친구야?" 이러면 안 되는 거예요. 임원은 장난쳐도 되고 직원은 안된다? 이러면 조직 문화는 그대로 경직된 채로 남는 거죠.

🟦편 선수들하고의 관계가 아주 좋으시더라고요.

🟥차 프로선수들은 일반 직장인들과 많이 달라요. 스무 살 때부터 개인사업자인 셈이잖아요. 야구만 잘하면 어린 나이에도 높은 연봉을 받을 수 있고, FA가 되면 100억, 200억을 받는 선수들도 있고요. 이런 선수들을 통제하려고 하면 안 돼요. 마음을 얻어야죠. 평상시에 관계를 잘 형성하지 않으면 선수가 코치를 인정하지 않아요. 훈련할 때 간혹 어린 선수가 "나 훈련 안 해요." 이러기도 하거든요. 그럴 때 화가 나기도 하지만 웃으면서 넘어가고, 받아주고, 농담으로 분위기를 편하게 만들다 보면 서로 신뢰하는 사이가 돼요. 물론 이렇게 되기까지 몇 년 걸리죠.

🟦편 그렇죠. 문화를 만드는 것이니까요.

🟥차 제가 처음 왔을 때는 좀 삭막하게 느껴졌어요. 온기 하나 없이 아무도 얘기를 안 하고, 아무도 웃지 않지 않는 거예요. 분위기를 바꾸기 위해 엄청 노력했어요. 저만의 착각일 수도 있겠지만, 저의 그런 노력으로 직원들이 저에게 와서 편하게 의견 제시를 많이 해요. 때로는 좀 심한 거 아닌가? 할 정도이기도 해서 화가 날 때도 있지만 화내면 지금까지의 노력이 수포로 돌아가니까 잘 받아주죠.

경기 시작 전에는 선수들의 기록 달성에 대한 기념 시상을 해요.
김현수 선수 통산 2500루타 달성 기념(위)
오지환 선수 통산 100홈런, 1000안타 기념(아래)

단장 업무에서 가장 힘든 점은 무엇인가요?

편 단장 업무에서 가장 힘든 점은 무엇인가요?

차 현장도 챙겨야 하고 프런트도 챙겨야 하니까 너무 바쁘죠. 팀을 위해서 수시로 감독과 얘기를 해야 하고, 미래를 위해서 뭘 해야 할지에 대해서도 항상 고민해야 하고, 우리 직원들도 챙겨야 하고, 모든 일이 다 힘들어요. 물론 실무는 직원들이 하고 전 결재를 하는 것이지만 업무를 총괄해야 하니 사실 만만치는 않죠.

편 업무로 인한 팀 간의 불화는 없나요?

차 팀장들이 끈끈한 동료애가 있어서 그렇지는 않아요. 저는 조직을 유연하게 만드는 힘이 '잡담'과 '회식'이라고 생각해요. 회식이라고 해서 거창한 건 아니고 같이 식사하면서 소주 한 잔씩 하는 거예요. 그런 자리에서 좋은 얘기가 많이 나와요. 회의 시간에 각 잡고 할 수 없는 소소한 아이디어들이 있는데 식사하면서 편하게 얘기하다 보면 참신한 방향으로 발전하는 거 같아요.

이어령 교수의 『디지로그(Digilog)』라는 책이 있어요. 그 책에 의하면 사람을 설득할 때 가장 좋은 방법이 밥 먹으면서 얘기하는 거라고 하거든요. 제가 1988년에 읽었는데 그때부터 그 말을 기억하면서 실행하고 있어요. 누군가와 계약을 해야 할 때, 설득이 필요할 때 식사를 같이해요. 그래서 팀장들과도 식사를 자주 하는 편이에요. 이젠 그냥 집에 가야지 하는 날에도 팀장들이 저를 붙잡아요. 다른 회사에서는 상사가 부하직원을 붙잡고 회식하자고 할 텐데 우리 구단은 제가 퇴근하려고 하면 "어디 가세요. 같이 한잔하시죠." 이러거든요.

편 국내에서 프런트로 활동하다가 해외로 가는 경우가 있나요?

차 한두 명 있었죠. 영어를 잘하는 사람들이 미국 가서 공부하면서 프런트를 한 번 해보겠다고 해서 다저스나 도미니카 등에서 근무를 해본 사람들이 있어요. 그런데 결국에는 돌아오더라고요. 연수 정도로 하는 경우는 있죠.

편 정년은 언제까지인가요?

차 일반 회사와 같아요. 우리나라는 60살 정년제가 법제화돼 있잖아요. 저희도 그에 따르고 있어요. 우리 구단에서 가장 오래 재직하신 분이 2021년부터 임금피크제를 적용하고 있고, 2023년에 정년퇴직이에요.

그분은 1982년부터 근무했으니 LG 트윈스의 전신인 MBC 청룡 때부터 있으셨죠. 특이하게도 20대 초반에 프로야구 선수로 입단했다가 프런트로 전환을 한 거예요. 재직한 지 40년 정도 됐죠. 경영기획팀 소속으로 이천야구장 관리 업무를 맡고 있어요.

편 단장님은 1년 단위로 계약하신 건가요?

차 야구단장의 직위는 상무급에 해당해요. 일반 회사에서도 임원은 보통 1년 단위로 계약한다고 알고 있어요. 다른 야구단의 경우에도 마찬가지로 1년 단위인 경우도 있고, 3년 단위인 경우도 있고, 케이스마다 다를 거예요. 케이스 바이 케이스인 거죠. 저 같은 경우에는 그렇게 짧지는 않고 좀 길게 봤습니다.

편 다른 분야로의 진출은 어떤가요?

차 음……. 프런트의 경험을 살려서 다른 스포츠업계로의 진출은
가능하다고 생각해요.

편 단장님은 계획이 있으세요?

차 저는 이 일을 직업으로 생각하지 않아요. 프로야구 단장은 직
업으로 생각하면 일을 할 수 없어요. 소명이라고 생각해야죠. 저는
직(職)이 아닌 업(業)을 선택한 거였거든요. 그만두면 현장으로 돌아
갈 수도 있고, 방송을 할 수도 있고, 여러 가지 길이 있죠. 아니면
또 다른 일을 할 수도 있겠죠.

가장 기억에 남는 순간은 언제였나요?

편 가장 기억에 남는 순간은 언제였나요?

차 프런트로서 가장 기억에 남는 순간은 부임 첫날이에요. 그 싸늘했던 분위기를 잊지 못하겠어요. 그날은 의자에 앉아 있지 못하고 하루 종일 서 있었어요. 그때 생각하면 지금도 아찔해요. 출근 시간이 9시였는데 그날도 새벽 5시에 출근했거든요. 그 시간에 아무도 없잖아요. 직원들 출근할 때까지 기다리면서 어떻게 운영할까 생각했죠. 9시쯤 되니 직원들이 오는데 웃지도 않고 싸늘한 거예요. 앞으로 어떻게 해야 하나, 걱정이 앞섰죠. 그리고 제가 직원들 한 명씩 일일이 찾아갔어요. 자리로 찾아가서 "잘 부탁드리겠습니다." 하고 인사했죠.

프로야구프런트로서 앞으로 목표는 무엇인가요?

편 프로야구프런트로서 앞으로 목표는 무엇인가요?

차 명문 구단을 만들고 싶어요. 명문 구단이 되기 위한 몇 개의 조건이 있어요. 우승을 많이 해야 하고, 누구나 오고 싶어 하는 팀이어야 해요. 그리고 대도시에 프랜차이즈를 가지고 있으면 좋아요. 미국의 명문 구단이라고 하면 뉴욕 양키스이거든요. 일본은 요미우리 자이언츠이고요. 모두 대도시인 뉴욕, 도쿄가 본거지예요.

서울에는 LG 트윈스가 있죠. 대신 우승을 많이 해야 한다는 숙제가 있어요. 누구나 오고 싶어 하는 팀이라는 건 무슨 뜻이냐면 팬들이 봐도 그 팀은 정말 명문이라고 인정을 할 수 있어야 해요. '명문가'라는 것이 돈만 많다고 명문가가 아니잖아요. 그만한 사회적 책임감이나, 사명감, 도덕성도 뛰어나야 하죠. 그런 구단을 만드는 것이 제 꿈이에요. 앞으로의 목표죠.

야구 단장이 아닌 개인적인 목표는 뭔가요?

편 야구 단장이 아닌 개인적인 목표는 뭔가요?

차 제 목표에 대한 얘기를 사석에서 많이 해서 친구들은 다 알고 있기는 한데 인터뷰에서 밝히게 되네요. 저는 문화체육관광부 장관이 꿈이에요. 문체부 장관이 돼서 우리나라 문화 체육을 선진국 반열에 올려놓을 수 있도록 정책들을 좀 바꿔보고 싶어요.

편 구체적인 게 있으세요?

차 일단 선진국은 국민들의 여가 생활에 굉장히 신경을 많이 써요. 그에 비하면 우리나라는 아직 미흡하다고 생각해요. 좋아졌다고는 하지만 아직도 지방은 문화생활, 체육시설 등이 부족하거든요. 체육시설만 하더라도 일반 사회 체육을 할 수 있는 그런 시설이 더 많아야 해요. 2002 월드컵 때 지어졌던 축구 전용구장들을 활용하면 돼요. 활용할 여러 가지 방법들이 있어요.

우리가 문화생활을 영위하려고 할 때 가장 쉽게 접할 수 있는 분야인 영화나 뮤지컬 등에 지원을 더해야 한다고 생각해요. 한류를 세계적으로 어떻게 더 세심하게 알릴 것인가 하는 고민도 필요하고요. 이거는 사실 문화체육계에 있어 보지 않은 사람들은 관심이 별로 없거든요. 관심이 없다는 것은 하려고 하는 의지가 없다는 얘기와도 같아요.

제가 어릴 때부터 운동하면서 여기까지 왔는데 좋은 정책 하나는 남기고 싶어요. 국민들을 위해서 좋은 시설에서 문화생활을 할 수 있도록 하고 싶어요. 쉬운 일은 아니죠. 제가 정치와 관련 있는 사람도 아니고, 현실적으로 쉽지 않은 부분인데 꿈은 있어요.

나도
프로야구
프런트

선수 연봉 협상 및 계약

선수들과는 매년 연봉 재계약을 해요. 구단과 선수 간에 계약 기간은 매년 2월 1일부터 11월 30일까지랍니다. 이 기간을 참가활동 기간이라고 해요. 이에 따라 12월 1일부터 재계약 대상 선수들과 연봉 협상을 하고 계약을 맺게 돼요. 구단은 정규시즌 144경기 동안 선수들의 기여도를 반영하는 자체 연봉 고과 시스템이 있어서 그 시스템에 의거해 연봉을 책정해요. 연봉 협상은 선수 또는 대리인과 구단 실무자 또는 운영팀장이 주로 해요. 연봉 협상이 지지부진하거나 선수가 요청하는 경우에는 단장이 선수 또는 대리인을 만나는 경우도 있어요. 고과가 좋은 선수든, 안 좋은 선수든 만족하는 경우는 거의 없어요. 연봉 계약을 마치면 시원섭섭한 반응이 대부분이죠. 구단으로서는 선수 연봉 계약에 있어 일관성과 형평성이 중요해요. 자체 연봉 고과 시스템이 일관성 있게 적용되고 투수와 야수 간, 선수들 간의 형평성이 지켜져야 선수들이 구단을 신뢰하게 되거든요. 이런 부분에 대해 단장은 선수 입장과 구단 입장 간의 균형 감각을 갖고 있어야 해요.

| 선수들의 연봉협상을 하게 된다면? |

▼ Tip 1. KBO규약 제9장 연봉

제69조 [참가활동기간] 연봉의 대상 기간은 매년 2월 1일부터 11월 30일까지(이하 "참가활동기간"이라 한다)로 한다.

제70조 [연봉의 결정] ① 구단과 선수는 선수계약을 체결할 당시에 연봉을 결정하고 이를 선수계약에 명시하여야 한다.

② 경기 수입금의 일정 비율을 연봉으로 하거나 경기결과에 따라 연봉이 변동되는 방식의 선수계약은 금지된다.

제71조 [최저연봉] ① 연봉의 최저한도는 연 2,700만 원으로 하며, 2021년부터는 이를 연 3,000만 원으로 인상한다.

② 육성선수에 대하여는 제1항의 규정을 적용하지 아니한다.

제72조 [연봉의 지급] ① 구단은 연봉을 10회로 분할하여 참가활동기간 동안 매월 1회 일정한 날을 정하여 월별로 지급하여야 한다.

② 연봉의 지급방법, 지급일은 선수계약에 명시하여야 한다.

신인 드래프트

케빈 코스트너 주연의 드래프트 데이라는 영화를 보셨나요? 대부분의 프로스포츠에서는 신인 드래프트를 하게 되는데, 여기에 단장과 스카우트팀이 참여해 의사결정을 하게 돼요. 1년 동안 선수를 관찰해 온 스카우트팀이 사전에 포지션 별로 선수 순위를 매기고 이에 기반해 신인 드래프트에 참여하죠. KBO 리그는 신인 드래프트가 1차 지명과 2차 지명으로 구분이 돼요. 1차 지명을 통해 해당 구단의 연고지역에서 1명씩을 뽑고, 2차 지명은 1차 지명에 뽑힌 10명의 선수를 제외한 선수들을 대상으로 전년도 성적 역순으로 지명을 하게 돼요. 어떻게 보면 2차 지명이 진정한 드래프트라고 할 수 있는데요. 10라운드까지 진행되는 가운데 특히 1~5라운드까지는 스릴이 넘쳐요. 지명 순번을 돌아오기 직전 순번 구단들이 우리가 뽑고 싶은 선수를 지명하지 말아야 될 텐데 하는 조바심을 치게 되거든요. 순간순간 순발력도 필요한 경우도 있고요. 이때 단장과 스카우트팀이 즉석에서 의사결정을 하게 돼요.

| 내가 스카우터라면? |

▼ Tip 2. KBO규약 제11장 신인선수

제105조 [신인선수] 대한민국 국적을 가진 자로서 어느 구단(외국의 프로구단을 포함한다)과도 선수계약을 체결한 사실이 없는 선수를 신인선수라 한다.

제106조 [지명] 구단은 제11장에서 정한 KBO 신인 드래프트(이하 "신인 드래프트"라 한다) 절차에 따라 지명한 신인선수에 한하여 선수계약을 체결할 수 있으며, 그 외의 신인선수와는 선수계약을 체결할 수 없다.

제108조 [신인 드래프트] ① KBO는 매년 특정일자를 정하여 신인선수를 대상으로 한 신인 드래프트를 개최한다.

② 신인 드래프트는 제109조 및 제110조의 방식으로 실시한다. 다만, KBO는 필요시 별도의 방식에 의한 신인 드래프트를 실시할 수 있으며, 구체적인 신인 드래프트의 방식이나 지명할 수 있는 선수의 수 등은 KBO 이사회에서 정한다.

③ 총재는 지명된 신인선수의 명단을 검토한 후 이를 공시한다.

제109조 [1차지명] ① 1차지명은 구단이 배정학교(중·고등학교)를 졸업했거나 졸업예정인 신인선수 중에서 1명의 선수를 지명하여 총재가 지정한 특정일에 지명한 선수의 명단을 KBO에 제출하는 방식으로 실시한다.

② 1차지명은 2013년부터 대한야구소프트볼협회 최초 선수 등록을 기준으로 각 구단 배정학교(중·고등학교) 선수 중에서 선발하며, 2013년 등록 이후 타구단 배정학교로 전학한 선수는 1차지명에서 제외된다. 2020년(2021 신인)부터 2021년(2022 신인)까지 전년도 성적 8,9,10위 구단은 본 조 1항과 동일한 방식으로 연고지역에서 1차지명을 하거나 해당구단이 희망할 경우 1차 지명일의 1주일 이내에 전년도 성적 역순으로 연고지와 관계없이 1차지명이 가능하다.

③ 1차지명 전에 재학 중이던 학교를 유급한 선수(2013년 이후부터 해당), 제107조 제1항에 따라 외국 프로구단과 선수계약을 체결하였던 선수 및 재학 중이던 고등학교 또는 대학교를 중퇴한 선수는 1차지명에서 제외된다.

④ 서울 연고지 구단은 2020년(2021 신인)부터 2021년(2022 신인)까지 서울, 제주 지역의 동일 학교의 졸업예정선수를 중복하여 1차지명 할 수 없다. 단, 서울 연고지 구단이 전년도 성적 8,9,10위에 해당할 경우 예외로 한다.

⑤ 연고지가 동일한 구단 간의 지명 순서 등 본 조에서 정하지 않은 1차지명

의 구체적인 방식은 해당구단 간 결정하여 KBO에 통보하여야 한다.

⑥ 본 조의 1차지명은 2021년(2022 신인)까지 시행되며 2022년(2023 신인)부터는 연고지에 관계없이 전년도 성적의 역순으로 각구단이 1명씩 지명하여 11라운드까지 동일한 방식으로 반복 실시한다.

제110조 [2차지명] ① 1차지명에 지명되지 않은 신인선수를 대상으로 특정일에 연고지에 관계없이 2차지명을 실시한다.

② 제1항에 따라 신인선수를 지명하는 구단의 순서는 전년도 KBO리그 성적의 역순으로 한다.

③ 2차지명은 제2항의 방식으로 10라운드까지 실시한다.

④ 1차지명에서 대학졸업예정선수를 지명하지 않은 구단은 반드시 2차지명에서 대학졸업예정선수를 1명 이상 지명해야 한다.

⑤ 신인선수 중 제107조 제1항, 제5항 소정의 선수가 2차지명에 참가하고자 하는 경우 당해 선수는 KBO가 정한 2차지명일의 30일 전까지 KBO에 2차지명 참가를 신청해야 한다.

⑥ 대한야구소프트볼협회에 등록되지 않은 자 중 KBO가 정한 시행세칙에 따라 참가자격을 갖춘 선수가 구단에 입단하고자 하는 경우 제5항 소정의 절차에 따라 2차지명에 참가해야 한다.

FA 획득에 따른 보상선수 선정

타 구단에서 FA 선수를 영입하게 되면 선수 등급에 따라 보상 선수와 보상금을 지급하게 돼요. 보상금은 규약에 책정되는 대로 지급하면 되고, 보상 선수 선정을 놓고 원 소속 구단과 FA 획득 구단 간에 치열한 머리싸움이 전개돼요. 원 소속 구단은 자신들이 필요한 포지션에 선수를 영입하기 위해 단장이 주재 하에 운영팀, 육성팀, 스카우트팀이 회의를 하고 감독 코칭스태프 의견도 경청해서 최종 결정하죠. 반대로 FA 획득 구단은 원 소속 구단이 어떤 포지션이 취약한지 파악하고 자신들이 지켜야 될 선수들을 최대한 보호해 보호선수 명단을 원 소속 구단에 제출하게 돼요. 오랫동안 FA 영입 과정을 지켜보면서 보상 선수에 대한 희비가 엇갈리는 경우가 많았어요.

| FA 선수 영입은 어떻게? |

▼ Tip 3.

KBO규약 제172조 [FA획득에 따른 보상] ① FA(FA로서 외국에 진출한 후 국내로

복귀한 FA를 포함한다)가 원 소속구단 외 다른 구단(이하 "FA획득구단"이라 한다)과

선수계약을 체결한 경우 원 소속구단은 당해 선수의 등급에 따라 다음과 같

이 FA획득구단으로부터 보상받을 수 있다.

1. 신규 FA의 경우

• **A 등급** : 기존 FA계약선수를 제외한 선수 중 최근 3년간의 평균연봉 및 옵

션 수령 금액이 구단 내에서 A순위(1위~3위)에 위치하고 리그 전체에서 A순

위(1위~30위)에 위치하는 선수는 A 등급으로 분류되며 당해 선수의 원 소속

구단은 당해 FA의 직전 연도(당해 연도의 KBO 포스트시즌 종료 후 다음 연도 정규시즌

개시 전이라면 당해 연도를 말하며, 이하 같다) 연봉의 200퍼센트에 해당하는 금전

보상 및 FA획득구단이 정한 20명의 보호선수(이하 "보호선수"라 한다) 외 1명

(이하 "보상선수"라 한다)에 대한 선수계약의 양수 또는 당해 FA의 직전 연도 연

봉의 300퍼센트에 해당하는 금전보상을 FA획득구단으로부터 받을 수 있

다. 단, 본 등급제 시행 첫해(2020시즌 종료 후)에 한해 리그 전체에서 A순위(1

위~30위)에 위치하는 선수는 구단 내에서 순위와 무관하게 A 등급으로 분류

된다.

• **B 등급** : 기존 FA계약선수를 제외한 선수 중 최근 3년간의 평균연봉 및 옵션 수령 금액이 구단 내에서 B순위(4위~10위)에 위치하고 리그 전체에서 B순위(31위~60위)에 위치하는 선수는 B 등급으로 분류되며 당해 선수의 원 소속구단은 당해 FA의 직전 연도(당해 연도의 KBO 포스트시즌 종료 후 다음 연도 정규시즌 개시 전 이라면 당해 연도를 말하며, 이하 같다) 연봉의 100퍼센트에 해당하는 금전보상 및 FA획득구단이 정한 25명의 보호선수(이하 "보호선수"라 한다) 외 1명(이하 "보상선수"라 한다)에 대한 선수계약의 양수 또는 당해 FA의 직전 연도 연봉의 200퍼센트에 해당하는 금전보상을 FA획득구단으로부터 받을 수 있다.

• **C 등급** : 기존 FA계약선수를 제외한 선수 중 최근 3년간의 평균연봉 및 옵션 수령 금액이 구단 내에서 C순위(11위 이하)에 위치하고 리그 전체에서 C순위(61위 이하)에 위치하는 선수는 C등급으로 분류되며 당해 FA의 원 소속구단은 직전 연도(당해 연도의 KBO 포스트시즌 종료 후 다음 연도 정규시즌 개시 전이라면 당해 연도를 말하며, 이하 같다) 연봉의 150퍼센트에 해당하는 금전보상을 FA획득구단으로부터 받을 수 있다.

* 예외 : FA등급은 구단 순위와 전체 순위 요건을 모두 충족해야 해당 등급으로 분류되며, 두 가지 요건 중 하나라도 충족하지 못할 경우 한 단계 아래 등급으로 분류된다. 단, 순위 요건이 A순위와 C순위인 경우 B 등급으로 분

류한다. 만 35세 이상(출생연도 기준 동일 적용) 신규 FA에 대한 보상은 당해 FA의 직전 연도 연봉의 150퍼센트에 해당하는 금전보상으로 한다.

2. 재자격 FA의 경우

FA자격을 두 번째로 취득한 당해 FA의 원 소속구단은 직전 연도(당해 연도의 KBO 포스트시즌 종료 후 다음 연도 정규시즌 개시 전이라면 당해 연도를 말하며, 이하 같다) 연봉의 100퍼센트에 해당하는 금전보상 및 FA획득구단이 정한 25명의 보호선수(이하 "보호선수"라 한다) 외 1명(이하 "보상선수"라 한다)에 대한 선수계약의 양수 또는 당해 FA의 직전 연도 연봉의 200퍼센트에 해당하는 금전보상을 FA획득구단으로부터 받을 수 있다. 단, 신규 FA계약시 C 등급으로 분류된 선수가 재자격 취득시의 보상 기준은 신규 FA의 C 등급과 동일한 보상을 적용한다.

3. 세 번째 FA 및 그 이상의 경우

FA자격을 세 번째로 또는 그 이상으로 취득한 당해 FA의 원 소속구단은 직전 연도(당해 연도의 KBO 포스트시즌 종료 후 다음 연도 정규시즌 개시 전이라면 당해 연도를 말하며, 이하 같다) 연봉의 150퍼센트에 해당하는 금전보상을 FA획득구단으로부터 받을 수 있다.

4. FA로서 외국에 진출한 후 국내 복귀한 FA의 경우

외국진출 전 공시되었던 등급에 따라 보상한다.

② 제1항 소정의 보상선수가 선수계약의 양도를 거부하는 경우 동 선수는 원 소속구단의 임의탈퇴선수가 되고 3시즌 동안 프로야구 활동을 금지시키며 FA획득구단은 원 소속구단에 제1항 중 선수계약양도가 포함되지 않은 금전보상으로 보상할 수 있다.

③ FA는 제167조 [FA승인선수 공시] 제1항에 따라 FA승인선수로 공시된 후 3년 이내에 다른 구단으로 이적한 경우에도 본 조 제1항을 적용한다.

④ FA획득구단은 제169조 제2항에 따른 총재의 공시 후 3일 이내에 제172조 제1항 소정의 보호선수를 제외한 보상선수의 명단을 원 소속구단에 제출하여야 한다.

⑤ 원 소속구단은 FA획득구단으로부터 제4항에 따른 보상선수의 명단을 제출받은 후 3일 이내에 제1항의 보상방법 중 하나를 선택하여 통보하여야 하며(신규 FA C 등급, 만 35세 이상 신규 FA, 세 번째 및 그 이상 FA재자격 선수, 신규 FA C 등급인 FA재자격선수 제외), FA획득구단은 원 소속구단의 세금계산서를 수령한 날부터 7일 이내에 금전보상을 완료하여야 한다. 이를 어길 경우 1일당 법정이자에 20퍼센트를 추가하여 보상하여야 한다.

⑥ FA획득구단이 복수의 FA와 선수계약을 체결한 경우에는 선수계약을 체결한 순서대로 보상한다. 이 경우 FA획득구단은 선수계약 체결 시점이 앞서

는 FA의 원 소속구단이 제5항에 따른 보상방법을 선택할 때까지 다른 구단에 제4항에 따른 보상선수의 명단을 제출할 수 없다.

⑦ FA획득구단이 동일한 날짜에 복수의 FA와 선수계약을 체결한 경우에는 직전 정규시즌 성적의 역순으로 보상한다. 이 경우 선순위구단의 보상이 종료한 후 후순위구단의 보상을 개시한다.

⑧ 20명(25명) 보호선수 및 보상선수에는 군 보류선수, 당해 연도 FA, 외국인선수, 당해 연도 FA 보상 이적선수는 포함되지 않으며, FA가 2월 1일 이후 계약할 경우 20명(25명) 보호선수 및 보상선수 명단에는 군 보류선수, 직전 연도 FA, 외국인선수, 직전 연도 FA 보상 이적선수, 당해 연도 신인선수(육성선수 포함)가 포함되지 않는다.

⑨ FA획득구단은 제169조 제2항에 따라 총재가 선수계약 사실을 공시한 때로부터 원 소속구단에 대한 보상이 끝날 때까지 자유계약, 임의탈퇴, 선수계약의 양도 등 선수의 신분에 관한 공시를 요청할 수 없다.

프로야구 프런트 업무 엿보기

프로야구 단장 차명석의 하루

저는 1992년 프로야구 구단인 LG 트윈스에 입단해 투수로 활동했어요. 은퇴 후에는 메이저리그 해설도 하고, 코치도 했죠. LG 트윈스에서 선수와 코치를 거쳐 지금은 단장을 맡아 프로야구프런트 업무를 하고 있어요. 홈 경기가 있는 오늘, 저와 함께 다니면서 프로야구 단장은 어떤 일을 하는지, 프로야구 단장의 하루는 어떤지 경험해 보실래요?

AM 08:00 출근

프로야구 시즌에 프런트의 출근 시간은 오후 1시 30분이지만 저는 아침 8시에 출근해요. 8시에 출근하자마자 운동복으로 갈아입고 한강으로 가요. 한강 가서 그냥 걸어요. 운동을 한다기보다 생각을 하기 위해서 걷는 거예요. 사무실이 있는 잠실야구장에서 동호대교까지의 거리가 17km 정도 되는데 걸어서 왕복하면 딱 3시간 걸려요. 걸으면서 오늘 어떻게 준비할까 생각하는 거죠. 하루 일과를 먼저 시뮬레이션하는 거예요.

AM 11:00 업무 준비

걷기를 끝내고 돌아오면 11시쯤 되는데 샤워 후 업무를 시작해요. 보고서 검토가 시작이죠. 오늘 시합은 어떻게 운영되는지 전략분석팀과 감독님이 회의한 내용을 보면서 준비를 해요.

PM 12:00 점심시간

선수단 식당에서 점심을 먹으면서 운영팀 직원들과 대화를 해요. 선수단 분위기가 어떤지, 선수들 몸 상태가 어떤지를 물어봐요. 전력분석실, 체력단련실, 치료실을 다니면서 선수단 분위기를 점검해요.

PM 1:00 사장님과 티타임

프로야구단에는 단장 위에 사장님이 계세요. 단장은 선수단을 총괄하고 사장님은 선수단 외에도 마케팅, 경영지원 업무도 챙기는 분이에요. 많은 분들이 야구단에 단장이 최고 책임자라고 생각하지만 실제는 사장님이 의사결정권자예요. 저는 단장으로서 사장님과 티타임을 자주 가져요. 20~30분 정도 티타임을 통해 선수단과 관련한 각종 보고를 하고 현안에 대해 공유해요. 때로는 이 시간에 마케팅, 경영지원을 담당하는 사업담당이 같이 참석하기도 해요. 그러면서 마케팅, 경영지원 업무가 돌아가는 내용도 알게돼요.

PM 2:00 감독과 티타임

선수단의 수장인 감독과도 자주 대화를 나눠요. 선수단에 대해 감독의 의견을 경청하고 구단의 입장도 설명해 주는 시간이 필요하거든요. 감독과의 대화는 주로 운영팀장이 하지만 단장도 직접 대화를 할 필요가 있어요. 간접적으로 전해 들어도 되는 경우가 대부분이지만 직접 의견을 나눌 상황이 생기거든요. FA, 선수 영입이라든가 코칭스태프 구성이라든가 하는 사항들은 단장과 감독이 조율해야 돼요.

PM 2:30 선수단 훈련 관찰

더그아웃에서 선수들 훈련을 관찰해요. 선수들 훈련을 관찰하면서 선수단 분위기도 느껴봐요. 선수들과 가벼운 스킨십도 하고요. 인사를 나누면서 무겁지 않은 얘기를 주로 해요. 18시 30분 경기일 때 홈팀은 14시부터 16시 10분까지 훈련을 하고 원정팀은 16시 30분부터 1시간 훈련을 해요. 홈팀 선수들은 12시에 출근해서 점심 식사를 하고, 이후에 치료를 받거나 웨이트 트레이닝을 하는 선수들도 있어요. 홈팀 선수들은 훈련 시간에 피칭 머신을 통해 번트 훈련을 해요. 원정 때는 피칭 머신이 준비되지 않다 보니 번트 훈련을 못 해요.

PM 4:00 감독 미디어 인터뷰

단장은 참석하지 않지만 홈팀 감독 미디어 인터뷰 시간이 있어요. 당일 출장 온 취재기자 전원이 참석해 홈팀 감독에게 전날 경기를 복기하면서 홈팀 선수단 동정에 대한 질문을 해요. 이를 통해 언론에 기사가 나와요. 원정팀 감독 미디어 인터뷰는 17시에 한답니다.

단장이 참석하지는 않지만 홈팀 전력분석 시간도 있어요. 상대 팀 선발투수 분석이라든가 주요 타자 분석을 해요. 영상 분석 위주로 하는 편이에요. 투수조가 먼저 하고 야수조가 나중에 해요.

PM 6:00 경기 전 시상

KBO 시상이나 구단 자체 시상 또는 마케팅 협약식이 비정기적으로 진행 돼요. 사장님이 참석하기도 하고 단장이 참석하기도 해요. 이것 역시 언론에 기사가 나와요.

PM 6:10 저녁시간

선수단 식당에서 저녁 식사를 간단히 하면서 운영팀장과 선수단 관련해 대화를 나눠요. 선수들은 식사를 다 마친 시간이라 한산한 편이에요.

PM 6:30 프로야구 경기

경기가 시작되는 시간이에요. 매일 시험 치르는 느낌이랄까요. 야구는 1회부터 10점씩 득점하는 경우는 거의 없다시피 하니까 1회부터 9회까지 긴장의 연속이에요. 5회말이 끝나는 클리닝타임 전까지는 언제 끝나나 싶은 마음도 생겨요. 6회부터는 스릴이 넘치기도 해요. 학교에서는 시험을 치면 결과가 나올 때까지 시간이 걸리지만 야구는 바로바로 결과가 나오기 때문에 더 긴장되는 것 같아요. 9회를 마치고 경기를 이기면 더그아웃 앞에서 수훈선수 인터뷰가 있고 시상도 간단히 있어요. 시상은 감독이 당일 경기의 투수, 야수 각 1명씩을 선정해요.

PM 10:00 회식과 잡담의 시간

경기가 끝나면 승패에 관계없이 오늘 시합이 잘 됐는지 아닌지를 생각해요. 때로는 직원, 코치, 기자들과 맥주 한잔하면서 야구 얘기를 하기도 하고요. 오늘 경기에 대한 소감을 말하기도 하죠. 오늘은 이기고 한잔하는 날이라 퇴근길이 즐겁네요.

PM 11:30 퇴근

긴 하루가 끝났네요. 단장으로서 해야 할 일이 많아서 늦게 퇴근하는 일이 많아요. 집에 가면 자기 바쁘고 눈 뜨면 나오기 바빠요. 아내와 아이들에게 미안하죠. 아내가 제 사정을 잘 이해해줘서 고마운 마음이에요. 집에 와서 아이들의 자는 모습을 보면 하루의 스트레스가 풀리는 순간이에요.

프로야구 프런트에 궁금한 Q&A

Q 감독과 단장 중에 누가 더 높은가요?

A 직책상으로는 단장이 더 높아요. 단장이 감독을 임명하니까요. 하지만 외부에는 감독이 높게 보여야 해요. 선수단을 지휘하기 때문이죠. 단장이 감독 위에 있다는 표시가 나는 순간 그 팀은 끝나는 거예요. 단장이 감독을 임명하지만, 임명하고 나면 모든 권한은 감독에게 다 줘야 해요. 그리고 감독을 도와줘야죠. 외부에서 볼 때는 감독이 단장보다 더 위라고 생각할 정도로 행동하는 게 좋아요. 감독에게 예우를 해야 해요. 그렇게 하지 않으면 팀이 망가진다고 생각해요.

Q 선수가 문제를 일으켜서 힘들었던 경우는 없었나요?

A 많죠. 음주, 폭행 등 이런 사건 사고가 계속 일어나고 있잖아요. 프로선수가 문제를 일으키면 참 난감해요. 언론에서도 연일 부정적인 기사를 쏟아내니까 그룹 이미지에 치명적이죠. 그럴 때 너무 힘들어요. 문제를 일으킨 선수는 징계를 해요. 높은 수위의 징계를 하게 돼요.

사실 저희가 이런 내용으로 비교한 데이터가 있어요. 국회의원과 프로야구 선수가 같이 음주 운전에 걸렸다고 하면 다음 날 기사에 국회의원은 56건 언급되는데 프로야구 선수는 260건 나와요.

약 4배의 차이가 있더라고요. 그리고 국회의원은 벌금 내고 의정 활동하는데 선수는 벌금 내고, 연봉도 못 받고, 결국 운동을 못 하게 될 수도 있으니 조심해야 해요. 음주 운전으로 적발돼도 일반적으로는 벌금을 내고 일상생활을 하잖아요. 그런데 프로선수는 출전 정지를 당하니까 연봉을 다 날린다고 봐야죠. 선수와 계약할 때 사회적 물의를 일으킬 때는 연봉 지급을 하지 않는다는 조항이 있어요. 프로선수로서의 품위를 유지해야 하니까요. 재계약이 안 될 수도 있고, 다시 돌아오는 데도 몇 년 걸리죠. 팬들의 시선이 따가우니까요. 일반 회사원이 음주 운전으로 적발된 후에 벌금 내고, 다니던 회사 잘리고, 3년간 취업할 수 없다고 생각해 보세요. 말이 안 되죠. 가혹하다고 할 수도 있겠지만 프로야구 선수는 연예인과 마찬가지로 팬들이 '셀럽(celebrity, 유명인)'의 범주로 생각하니까 문제에 대해 엄격한 편이에요.

Q 선수들과 격의 없이 친하게 지내시는 것 같아요. 혹시 기강이 해이해지는 문제는 없나요?

A 저는 없다고 생각해요. 제가 제일 싫어하는 부류가 잘해주면 만만해서 까불고, 무서운 사람한테는 순종하는 사람을 제일 싫어해요. 이런 논리로 세상을 산다면 못된 사람만 살아남는 거잖아요.

이동현 선수 은퇴 기념행사

Job
Propose 37

잘해주면 잘해야죠. 저는 그렇게 생각하기 때문에 선수들을 편하게 대하는 편이에요. 제가 선수 출신이기 때문에 더 마음이 가기도 하고요. 그래서 그런지 이동현 선수가 은퇴식을 할 때 기념 유니폼 액자를 전달하면서 눈물을 흘리기도 했어요. 이동현 선수가 수술받고 재활하면서 함께한 시간이 주마등처럼 스쳐 가면서 갑자기 울컥하더라고요.

일본에서 '경영의 신'이라고 불리는 교세라 명예회장 이나모리 가즈오라는 사람이 있어요. 교세라 그룹은 1년에 130일 이상의 휴가, 정년 70세 등 직원 복지에 그렇게 힘을 쓰는데도 매년 20퍼센트씩 성장을 한대요. 그분이 한 얘기에 해답이 있는 것 같아요. "사람은 잘해주면 잘할 수밖에 없다. 월급을 많이 주면 월급 많이 받는 만큼 일한다." 저는 이 말이 맞다고 생각해요. 사람은 누구나 자기를 알아주고 믿어주는 사람을 위해서 일한다고 생각하거든요. 그래서 저는 잘해줘요.

Q 드라마 〈스토브리그〉를 보면 프런트가 선수단을 구성하는데요, 팀의 약점을 보완하는 쪽으로 전략도 세울 텐데 약점을 파악할 수 있는 객관적인 지표가 있나요?

A 있죠. 선수단 평가를 숫자로 개념화해서 나타나는 데이터분석

시스템을 '세이버메트릭스(Sabermetrics)'라고 해요. 그걸 통해서 각 포지션의 경쟁 상대 팀과의 격차가 어느 정도 되는지, 우리가 무엇을 보완하면 우승할 수 있을지 등을 파악해요. 물론 그것으로 전부를 알 수는 없겠지만 상당한 도움은 돼요. 그 결과를 토대로 부족한 포지션에 대해 FA 선수를 영입할 수도 있고, 트레이드를 할 수도 있는 거죠.

Q 연봉협상이 쉽지는 않을 것 같아요. 고성이 오고 간다거나 하는 일도 있나요?

A 예전엔 많았어요. 하지만 요즘은 선수가 직접 협상하는 것이 아니라 에이전트가 들어오거든요. 대리인들과 협상하기 때문에 오히려 더 편해요. 편하게 얘기할 수 있는 분위기가 형성돼 있죠. 3년 전부터 활발해진 것 같아요. 선수들 대부분 에이전트가 있어요.

　연봉 협상이 어려운 경우는 고액 연봉 선수인 경우예요. 저액 연봉 선수들은 협상도 금방 끝나요. 왜냐하면 본인의 성적을 알고 있기 때문에 합리적으로 제시하면 받아들이는 수순이죠. 인상률이 높거나, 많이 삭감되는 경우에는 진통이 예상되지만 아주 힘든 일은 아니에요.

Q 외국인 선수도 스카우트팀에서 역량을 확인한 후 영입할 텐데 막상 실력 발휘를 못 하는 경우가 많잖아요. 그 이유는 뭔가요?

A 외국인 선수인 경우 영입 리스트가 있어서 매년 추적을 해요. 리스트에 있는 선수들은 계속 리스트 업하면서 쫓아다니면서 확인을 하죠. 그러다 필요할 때가 되면 협상에 들어가는 거고요. 그런데 영입하고 나서 실력 발휘를 하지 못하는 경우가 많아요. 외국인 선수 성공시키는 게 정말 힘들어요. 정말 잘했던 선수인데 막상 영입하고 나면 못하는 사례는 많거든요. 그 이유는 여러 가지가 있어요. 환경이 안 맞을 수도 있고, 생소한 문화에 적응을 못 할 수도 있는 거죠. 아무도 예상할 수 없어요. 또 운도 작용한다고 생각해요. 기껏 데려왔는데 부상을 당할 수도 있으니까요. 복합적인 이유가 있기 때문에 스카우트의 잘못이라고는 생각하지 않아요.

Q 선수들마다 개인 응원가가 있던데 어떻게 만들어지나요?

A 예전에는 저작권에 대한 개념이 많이 없어서 그냥 좋아하는 노래에 가사를 바꾸는 방식으로 진행한 경우가 많았어요. 하지만 지금은 저작권 이슈를 중요하게 생각하기 때문에 저작권료를 지불하고 사용하거나 작곡을 의뢰하기도 해요.

일례로 2020년 시즌 후에 은퇴한 박용택 선수 응원가가 꿍

장히 유명해요. 선수 등장할 때의 응원가가 드라마 〈시크릿가든〉 OST의 하나인 '나타나'였죠. 그런데 저작권자와 협의가 안 돼서 사용이 어렵게 되기도 했어요. 이와 비슷한 경우는 많아요.

Q 치어리더 운영도 프런트에서 하는 건가요?

A 네. 마케팅팀에서 맡고 있어요. 정확하게 말하면 저희가 직접 치어리더를 선발하는 것은 아니고 이벤트 업체에 의뢰를 하면 그 업체에서 운영을 하는 아웃소싱 형태예요.

Q 서포터즈에 대한 지원도 있나요?

A 오히려 팬들이 저희한테 지원을 많이 해주는 편이죠. 저희는 팬들이 최대한 불편함 없이 경기를 관람할 수 있도록 노력해요. 팬 서비스를 하는 거죠. 경기 중 경품 이벤트를 한다든지, 좌석제 운영에서 도움이 되는 부분이라든지, 이런 정도인 것 같아요. 보통 서포터즈가 저희한테 도움을 많이 주시죠. 선수들한테 선물도 많이 보내주시고요.

Q 시구자 선정은 어떻게 이루어지나요?

A 구단의 마케팅팀에서 선정하는데 연예기획사에서 먼저 연락

이 오기도 해요. 본인이 꼭 시구하고 싶다고 하는 연예인도 있어요. 우리 구단의 경우에는 연예인 시구가 많은 편인데 구단의 성향과 스타일에 따라서 시구자의 성향도 달라요. 요즘은 감동 스토리라고 해서 올림픽 스타들이나 소방관, 학교 선생님들도 많이 해요.

시구하기 전에 투수가 시구자한테 공 던지는 걸 코칭을 해요. 그런데 연예인인 경우에는 유명세에 따라 인지도가 다르잖아요. 신인이 시구자로 오면 신인 투수가 코칭을 하는 거예요. 유명인이 시구자로 오는 경우에는 너도나도 다 가르치고 싶어 하고요. 2008~2009년 시즌에 김연아 선수가 시구를 한다는 거예요. 선수단이 난리가 났어요. 고참 투수에서부터 수석 코치까지 다 나섰죠. 그런데 갑자기 감독님이 오더니 본인이 하겠다고 하는 거예요.^^ 그런 에피소드도 있었어요.

프로야구
단장 차명석
스토리

🔵편 어린 시절에 대한 이야기가 궁금해요.

🔴차 어릴 때는 공부를 잘했어요. 아버지가 서울대 경영학과의 전신인 서울대학교 상과대학을 나와서 사업을 하셨는데 집이 부유했어요. 그런데 제가 중학교 3학년 때 돌아가셨어요.

아버지가 김재순 전 국회의장의 1년 후배이고, 조순 전 서울시장의 1년 선배예요. 그래서 아버지의 꿈이 저를 서울대 교수 만드는 것이었어요. 교수가 뭔지도 모르는 어릴 때부터 "너는 서울대 교수를 해야 한다."는 말씀을 매일 듣고 자랐죠. 제가 사당국민학교에 다닐 때였는데 4학년 말쯤에 학교에 야구부가 생긴 거예요. 친구들이 모두 야구부에 들어가는 바람에 주말에 같이 놀 친구들이 없어졌어요. 그래서 친구들 야구하는 거 보고 있는데 감독님이 제 키가 크니까 "너 야구 한번 해볼래?" 그러시더라고요. 이제 막 창단해서 사람이 적기도 했고, 친구들하고 장난치는 모습을 좋게 봤나 봐요. 운동도 잘했고요. 친구들이 모두 야구부에 있으니까 저도 하고 싶어서 부모님께 말씀드렸더니 말도 안 되는 소리라며 일축하셨어요.

거기서 끝났으면 야구를 안 했을 텐데 교장 선생님과 감독님이 집으로 찾아오셔서서 재능이 뛰어나니 시키라고 한 거죠. 그때는 프로야구도 없던 시기라 야구에 대한 비전도 없어 보이고 해서 아버지는 계속 반대를 하셨어요. 아들을 서울대 교수 만드는 것이 아버지의 꿈이셨으니 말도 안 된다고 하셨죠. 하지만 제가 하고 싶다고 계속 말씀드리고 교장 선생님까지 와서 설득하니 국민학교 때까지만 해 보라며 허락해 주셨어요. 운동 삼아 한번 해보라고 했는데 야구를 너무 잘하는 거예요. 6학년 때는 야구부 주장과 전교 회장을 함께 하기도 했어요.

편 와~ 야구부 주장과 전교 회장을 같이 해요? 그런 경우는 거의 없지 않나요?

차 그렇죠. 어쩌다 보니 그렇게 됐어요. 전교 회장도 되고, 야구부 주장도 된 거죠. 흔한 일은 아니라서 팀장들에게 이 얘기를 하면 믿지 못하겠다는 반응이에요.^^

　제가 중학교에 진학할 즈음에 아버지 사업이 잘 안 됐나 봐요. 기억에는 중학교에 가서도 야구를 잘하니까 중학교 때 야구 감독님이 무조건 야구를 하라고 하셨어요. 저도 야구가 좋고, 잘하기도 하니 야구를 계속했어요. 그즈음에 아버지가 편찮으셔서 투병 생활을 하시다가 제가 중3 때 돌아가셨어요. 그러다 보니 야구를 그만둘 수가 없었죠.

　아버지 돌아가시고 난 후에 사업 빚이 너무나 많다는 걸 알게 됐어요. 우리 가족이 법적 지식이 있었으면 유산 상속을 거부했을 텐데 그걸 몰랐어요. 돌아가신 후 90일 이내에 상속 포기 신청을 하면 됐는데 빚쟁이들이 안 나타나서 몰랐어요. 상속 포기할까 봐 기다렸는지 90일이 지나니까 딱 나타나더라고요. 상속을 받겠다, 안 받겠다 하는 의사 표시가 없으면 빚을 상속받게 돼 있거든요. 채권자들이 그걸 알고 90일 이후에 나타난 거예요. 그때 빚이 있다는 걸 알았어요. 제가 5남매 중 막내로 위로 형과 누나가 셋 있는데 그때부터 힘들게 살았어요. 그 빚 갚는 데 20년 걸렸어요. 10년 전 정도 돼서야 형제들이 안정되어 지금은 남한테 아쉬운 소리 안 하지만 집이 한 번 무너졌다가 일으키는데 20년 정도 걸린 거 같아요.

편 초등학교 때부터 투수 포지션이었나요?

차 그때는 투수, 야수 다 했죠. 어릴 때는 포지션을 정할 정도로 한 분야만 잘하는 게 아니니까요. 중학교에 가서 본격적으로 하게 되면서 수업에 못 들어가는 일이 많아지니 성적이 떨어지더라고요. 1학년 때 반에서 10등 했다면 2학년 때는 40등, 3학년 때는 전교에서도 거의 꼴등인 거죠. 시합과 훈련 등으로 수업을 못 듣는 경우가 많았거든요. 그러다 보니 공부는 거의 못 하게 됐고 진짜로 운동만 하게 돼서 여기까지 오게 됐어요.

편 투수를 하게 된 이유가 있나요?

차 제가 하고 싶었다기보다는 감독님이 하라는 대로 한 거예요. 제가 공을 잘 던지니까 투수를 많이 시키더라고요. 공도 빠르고 투수로 네가 제일 괜찮으니 너는 투수를 해라 하니까 그냥 했던 거죠.

편 어린 시절에 특별히 기억나는 일이 있나요?

차 특별한 한 가지 기억보다는 큰일이 있었잖아요. 부유한 집에서 살아도 봤고, 반대로 완전히 무너져 보기도 한 일들, 그리고 아버지가 너무 일찍 돌아가신 거에 대한 공포감, 좌절감 등이 있었어요. 그런 거 말고는 저는 사고도 한 번 쳐본 적 없고, 부모님 속 썩인 적 없이 학교 잘 다니고 야구 열심히 한 생활밖에 없었어요. 특별한 일은 없었던 거 같아요.

편 야구의 매력은 뭔가요?

차 다른 스포츠도 마찬가지겠지만 야구는 중독성이 강해요. 특히 스포츠로는 유일하게 사람이 득점이 되는 경기예요. 구기 종목은 전부 공이 득점이 되잖아요. 농구, 축구, 탁구, 테니스 등 모두 공이 득점해야 하는데 야구는 사람이 들어와야 되거든요. 그리고 유일하게 야구에만 희생이라는 단어가 많이 들어가요. 희생 플라이, 희생 번트 등 희생이 받쳐줘서 득점이 되는 경우도 많아요. 그래서 혹자는 야구를 인생에 비유하기도 해요. 사람 사는 것과 같다고요. 어릴 때는 잘 몰랐는데 야구는 진짜 인생을 되돌아볼 수 있는 그런 매력이 있어요.

미국에서는 풋볼은 스포츠이고, 야구는 라이프라고 해요. 미국은 할아버지, 할머니가 오후 4시쯤에 손자의 손을 잡고 야구장 가서 밤 11시까지 놀다 올 수 있다고 하거든요. 4시에 가서 선수들 운동하는 모습을 보면서 할아버지가 선수에 대해 손자에게 설명해주고, 경기가 시작되면 같이 응원하는 거예요. 경기가 거의 매일 있으니까 일상인 거죠. 그냥 생활처럼 느껴진다고 해서 라이프라고 한대요. 저도 직접 해보니까 인생과 같다는 느낌이에요. 마치 없어서는 안 될 내 생활, 내 인생 그런 묘한 매력이 있어요. 인생의 모든 게 다 들어 있는 것 같아요. 야구팬이라면 다들 느낄 거예요. 그분들에게는 야구가 일상생활이고 라이프죠. 한마디로 표현은 못 하겠지만 그게 야구의 매력인 것 같아요.

또 결과에 대한 예측이 안 된다는 것도 매력의 하나예요. 야구는 시간제한이 없잖아요. 분명히 선수 27명이 아웃되어야 끝나는 경기인데 시간제한이 없어요. 축구 같은 경우는 3:0 스코어에서 종료 시간 1분 남은 상황이라면 죽었다 깨어도 못 뒤집잖아요. 그런데 야구는 아니거든요. 언제 어떻게 무슨 일이 일어날지 모르는 그 변수가 사람을 열광하게 하는 것 같아요.

편 그래서 야구에 대한 명언이 많은가 봐요.

차 그렇죠. 요기 베라의 "끝날 때까지 끝난 게 아니다."가 유명하죠. 우리나라에서는 하일성 해설가의 "야구 몰라요~"라는 명언도 있어요. 여러 가지 명언들이 많아요. 미국 사람들은 "나는 야구라는 종교를 가지고 있다." 등 이런 얘기들이 굉장히 많죠.

편 어릴 때는 공부를 잘하셨는데 본격적으로 선수 생활을 하면서 성적이 떨어졌잖아요. 속상했을 거 같아요.

차 우리나라 공부는 실질적으로 시험 점수잖아요. 시험 점수가 좋게 나올 수가 없죠. 수업에 안 들어가니 진도를 따라잡을 수가 없어요. 등수가 계속 떨어지게 되더라고요. 제가 고2 때 막내 누나가 이런 얘기를 했어요. "수업에 안 들어가서 학교 공부를 못하는 건 이해하지만 머리가 나쁜 건 안 돼. 용돈을 줄 테니까 영화도 많이 보고, 책도 많이 읽어라."라면서 용돈을 줬어요. 그때부터 영화도 보고 책을 많이 읽기 시작했죠.

사람이 학교 공부를 못할 수는 있는데 무식하면 안 된다, 사회에 나가서는 수학을 잘하고 화학을 잘하는 것이 중요한 게 아니라 기본적인 소양을 갖춰서 상대방과 대화할 수 있는 상식이 많아야 한다, 정치, 경제, 사회, 문화 등에 대한 주제로 누구와 얘기해도 대화 상대가 될 수 있도록 소양을 길러라, 이런 말을 많이 했어요. 저도 그게 맞는 거 같아서 책을 많이 읽었죠.

편 운동선수들이 사실 머리가 좋잖아요.

차 머리가 나쁘면 운동을 잘할 수 없거든요. 다만 학교 공부를 하지 않았기 때문에 시험을 못 보는 것뿐이죠. 그걸 머리 나쁘다고 치부하는데 전혀 별개인 거예요. 지식이 많고 적은 차이죠. 표현이 잘못된 거예요. 운동선수도 그렇고 일반인도 그렇고 본인이 노력만 하면 그런 소양은 얼마든지 쌓을 수 있다고 생각해요.

"남자가 매력 없는 건 머리카락이 없는 게 아니라 머리 속이 없는 거다. 그거만큼 창피한 거 없다. 대머리는 용서해도 뇌가 빈 남자는 여자들이 싫어한다." 누나가 이런 얘기도 했어요. 저도 일종의 자존심이 있었고 운동선수라고 무식하다는 표현이 너무 싫었어요. '내가 왜 너희들보다 공부를 못해? 지금부터 하면 되지'라고 생각해서 그런 문화생활을 했어요.

🔲 프로야구 선수 시절 이야기도 궁금해요.

🔲 프로야구 선수 시절은 화려하지도 않았고, 아주 못한 것도 아니었어요. 다만 너무 일찍 그만뒀죠. 10년하고 그만뒀으니까요. 그만뒀다고 표현을 했지만, 실질적으로 잘린 거죠. 야구선수로서 잘린 거는 굉장히 아쉬웠지만, 제 인생을 봐서는 그때 잘린 게 잘된 일인 것 같아요. 그때 안 잘렸으면 정신 못 차렸을 것 같아요. 그때가 제 인생의 터닝 포인트였어요. 가장 큰 시련을 겪고 나니까 이렇게 살면 안 되겠다는 각오를 하게 됐죠.

1991년 LG 트윈스에 입단했어요.

LG 트윈스에서 투수로 활약했어요.

Job
Propose 37

편 코치 생활하면서 기억에 남는 일 있으신가요?

차 많죠. 선수를 가르치는 게 보통 일이 아니에요. 자식과 선수는 내 마음대로 안 되는 것 같아요. 달래기도 해야 하고, 혼도 내야 하고, 예상치 못한 사건도 많고, 부처님의 마음 아니면 못 버텨요. 진짜 힘들어요. 그런데도 그 일이 재미있고 보람이 있어요. 선수들이 변화하는 모습을 보면 성취감, 희열감은 말로 표현이 안 돼요. 그래서 버틸 수 있는 거죠.

주로 신인 선수들을 육성해야 하는데 20대 초반의 혈기 왕성한 청년들이 순순히 말을 듣습니까? 사건, 사고 칠까 봐 노심초사해요. 선수가 사고 치면 담당 코치가 힘들어요. 평상시에 관리 못했다고 구단에서 압박하기도 하거든요. 그런 선수들을 잘 지도해서 인격적으로 성장하고 야구 실력도 늘어서 1군 선수가 되고 스타가 되는 걸 볼 때 보람이 있죠.

편 해설위원은 어떠셨나요?

차 해설위원은 꿈의 직업이죠.^^ 특히 공부하기에 아주 좋아요. 책 볼 시간도 많고, 하고 싶은 걸 다 할 수 있어요. 여유 시간이 많거든요. 제가 실질적으로 그때 공부를 제일 많이 했어요.

🔳 단장님은 어록도 많으시잖아요. 어록을 만들어내는 비결이 있으신가요?

🔳 앞에서도 말씀드렸는데 '잡담'을 중요하게 생각한다고 했잖아요. 직원들과 나누는 그런 잡담에서 나온 얘기를 방송에서 하는 거예요. 그걸 어록이라고 표현하던데 너무 민망해요. 대화를 많이 하고, 많이 듣다 보니 언젠가 다른 곳에서 활용하면 좋겠다는 생각을 하게 되는 소재들이 있어요.

그런데 제가 얘기해서 화제가 되면 저를 시기하는 사람들은 이렇게 생각해요. '저거 다 내가 얘기했던 내용인데…' 라고요. 이야기라는 것은 내용도 중요하지만 어떻게 활용하느냐가 더 중요한 거 같아요. 식사 자리, 커피 마시는 자리, 술자리에서 끊임없이 잡담하면서 나오는 이야기들을 제가 좀 각색하고 타이밍에 맞게 얘기했을 때 사람들이 반응이 좋았던 거 같아요.

🔳 유독 자신을 낮추는 유머를 많이 하시는 거 같아요.

🔳 방송에 출연하시는 분들을 보면 전문가일수록 가르치는 화법을 사용하는 경우가 많더라고요. 그런데 저는 그걸 보면서 과연 저 사람이 다 맞을까? 하는 생각이 들면서 공감대 형성이 안 되더라고요. 그럼 공감대를 형성할 수 있는 방법은 뭘까, 나 같은 평범한 사

해설위원으로 활동할 당시

람이 평범한 일상을 평범하게 얘기하는 게 가장 큰 공감대가 생기지 않을까, 하는 생각이 드는 거예요. 그래서 제 주변을 소재로 해서 누구나 공감할 수 있는 얘기들을 했어요. 그랬더니 시청자들이 재미있어하더라고요.

저는 누구나 겪어봤을 만한 심정들을 대변한 거거든요. 예를 들어, 홈런을 치면 모든 해설위원들이 홈런 타자에 대해 얘기해요. 하지만 저는 홈런을 맞고 힘든 투수의 심정을 대변하죠. 접근 방법이 좀 달랐던 것 같아요.

편 언제부터 입담이 좋으셨나요?

차 저는 입담이 좋다고 생각해 본 적이 한 번도 없어요. 야구인 모임에 가도 저는 주로 듣는 쪽이거든요. 입담 좋은 야구인들이 정말 많아요. 술자리에 가면 사람이 이렇게 웃겨도 되나 싶을 정도인 사람들이 엄청 많아요. 저는 그걸 듣기만 했어요. 사람들이 얘기하는 거 듣고 기회가 됐을 때 전달했을 뿐이에요. 물론 전달하는 방법에 대해서는 연습을 좀 했죠.

제가 코치를 맡고 나서 말하기에 대해 집중적으로 고민하고 연습했던 거 같아요. 코치는 선수를 가르쳐야 하잖아요. 가르칠 때 전달력을 어떻게 키울 것인가에 대해서 고민을 했어요. 아무리 좋은 얘기라도 듣는 사람이 이해를 못 하면 무용지물이니까요. 어떤 방식으로 전달해야 어린 선수가 잘 알아들을 수 있을까? 이 고민을 엄청나게 했어요. 설명도 더 쉽게, 이해 안 되면 더욱더 쉽게, 수도 없이 반복하다 보니 전달력이 늘어난 것 같아요. 상대를 이해시키려고 하면서 말하기가 좋아진 것 같아요.

어릴 때부터 어떻게 얘기하면 더 재미있을까 하는 생각은 했어요. 같은 얘기도 누가 하냐에 따라서 재미가 있을 수도 있고 없을 수도 있잖아요. 그건 표현력의 차이인 것 같아요. 제가 그런 점에 대해 신경을 많이 썼어요. 중고등학교 때에도 코치님께 승낙을 받으려면 어떤 식으로 접근을 해야 할까? 감독님께 이렇게 얘기하면 분명히 혼이 날 것 같은데 어떤 식으로 얘기할까? 이런 생각들을 했어요. 그렇게 고민한 후에 얘기를 하면 성공률이 높아지더라고요.

누나가 소양을 기르라고 하면서 또 했던 말이 "너는 어차피 얼굴로 승부하기에는 부족해서 결국 말발로 해야 해. 근데 말로 여자가 너를 좋아하게 만드는 게 얼마나 어렵겠니? 넌 부단한 연습을 해야 해. 네 외모는 안 돼."라고 했거든요. 여자친구를 사귀기 위해 말을 잘하려는 노력도 좀 있었죠.^^

📝 말하기에 대한 노력을 많이 하셨네요.

차 어떻게 얘기해야 할까 하는 고민은 많이 했어요. 그래서 다른 친구들이 얘기했을 때는 안 되는 걸 저는 허락받는 경우가 많았어요. 한 가지 에피소드가 있는데 2012년 제가 코치로 있던 시기예요. 당시 4번 타자가 지금 기아 타이거즈의 3루 베이스 코치인 정성훈 타자였는데 엄청나게 성장하던 때였어요. 정말 대단했어요. 그런데 공을 치고 나서 1루 베이스까지 열심히 안 뛰었어요. 그때 김기태 감독님이 "우리가 약속했으니까 2군으로 내려보내." 이러시는 거예요. "누구도 예외일 수 없으니 2군으로 보내라."

그 선수 덕분에 팀이 잘하고 있는데 2군으로 보내라니 구단도, 선수도 난리가 났죠. 코칭스태프와 구단 모두 나서서 감독님을 설득했는데 요지부동이에요. 저는 당시 수석 코치도 아니고 투수 코치인 때라 가만히 있었는데 구단에서 찾아왔더라고요.

"차 코치, 너밖에 없다. 네가 가서 좀 얘기해라."

"수석 코치가 가고, 선수단도 가고, 단장님까지 가도 해결이 안 되는데 제가 어떻게 해결합니까?"

당시 단장님이 성공하면 한 달간 술을 사고, 원하는 거 다 해주겠다고 하셔서 고민을 했죠. 어떻게 설득할지 생각을 정리하고 감독님을 찾아갔어요. 김기태 감독님과 제 사이가 돈독했어요. 저를 좀 총애하셨거든요. 감독님께 찾아가서 한마디 했죠.

"감독님 혹시 기억나십니까? 감독님과 제가 3년 전 2군에서 처음 코치 생활할 때 감독님이 저에게 명석아, 혹시 내가 잘못된 판단을 하면 너는 언제든지 나한테 와서 얘기해라, 네 말은 내가 듣겠다, 이렇게 말씀하셨는데 그 말 아직도 유효합니까? 유효하다면 지금 하신 판단 내일 아침에 다시 결정하시죠. 하룻밤 지난 다음에 내린 결정에 따르겠습니다."

감독님이 알겠다고 하시더니 계속 고민하셨는지 새벽 2시 반에 문자 메시지가 왔어요. 본인이 한 말을 취소할 수 있는 명분을 찾아달라고 하시더라고요. 결국 동료 선수들이 다시는 그런 일이 발생하지 않도록 같이 책임을 지겠다는 각서를 써서 드렸어요. 선수단의 단합을 보이는 것으로 명분을 세웠죠. 나중에 감독님이 잘못된 판단을 바로잡게 해줘서 고맙다고 하시더라고요.

저는 이런 방식의 화법을 좋아해요. 간접적으로 얘기해서 설득하는 방식이죠. 그래서 제가 메타포(metaphor, 은유)를 좋아해요. 밀란 쿤데라의 『참을 수 없는 존재의 가벼움』의 첫 문장이 "사랑은 메타포로부터 시작된다"예요. 이렇게 표현하려는 대상을 비유적으로 설명하는 방식이 좋아요.

편 선수, 코치, 해설위원, 단장 등 스포츠인으로서 할 수 있는 건 다 하셨는데 어떤 직업이 제일 좋은가요?

차 일단 야구는 선수가 제일 좋고요, 코치는 재밌어요. 그리고 단장은 소명이라고 생각해요.

편 야구를 볼 때 단장님만의 관점이라든지 아니면 주요하게 보는 포인트가 있나요?

차 있죠. 저는 영화를 보면 영화감독의 관점에서 영화를 봐요. 저 배우를 왜 썼을까? 저 장면의 표현은 왜 이렇게 했을까? 저 소품은 지금 왜 등장하지? PPL인가, 아니면 의미가 있는 소품일까? 저 캐릭터는 없어도 되는데 왜 굳이 있을까? 등등을 생각하면서 영화를 보죠. 야구도 마찬가지예요. 상대 팀이 쓰는 작전을 보면서 대응은 어떻게 할지, 지금 수비 위치가 맞는지, 어떤 선수를 보내는 게 좋을지 등 이런 생각을 하면서 야구를 봐요.

관중들은 치고받는 것 위주로 보겠지만, 저는 전체적인 그림을 파악하려고 해요. 지금 시점에서 왜 저 공을 던졌을까? 저 공은 왜 안 쳤지? 이런 식으로 항상 의문을 가지고 야구를 분석하면서 보는 거죠. 이렇게 보다 보니 영화를 보는 재미가 없다는 단점이 있어요. 어릴 때 영화를 볼 때는 영화 자체를 좋아했는데 코치와 해설위원을 하면서 공부를 하다 보니 분석적인 면이 생긴 거 같아요.

편 직업관을 형성하는 데 도움을 준 책이나 영화가 있나요?

차 어릴 때 〈록키〉 시리즈를 많이 봤어요. 록키 음악만 들어도 나가서 운동해야 할 것 같은 기분이 들어요. 운동하는 것에 동기부여가 되는 영화죠.

운동과 관계없지만, 인상 깊었던 영화는 〈지젤〉과 〈아마데우스〉예요. 〈지젤〉은 소련에서 망명한 미하일 바리시니코프가 발레리노로 나오는데 발레 동작이 너무 멋있는 거예요. 그때 처음으로 발레리노를 꿈꿔보기도 했어요. 중3 때인데 그때 제가 178cm에 몸무게가 55kg으로 별명이 회초리였어요. 발레를 해볼까 하는 생각을 잠깐 했죠. 저와 전혀 달라서 좋았던 것 같아요. 〈지젤〉은 발레를, 〈아마데우스〉는 음악을 소재로 했잖아요. 제가 체험하지 못했던 분야라서 더 감명 깊었어요. 제가 아는 세계와 전혀 다른 세계여서 충격적이기도 했죠.

제 인생의 책은 『어린 왕자』예요. 누가 질문해도 항상 같아요. 세상의 동심을 그렇게 잘 표현한 책이 있을까 싶어요. 이 책을 읽으면 순수해져요. 순수해진다는 거는 초심으로 돌아갈 수 있다는 거거든요. 생텍쥐페리라는 작가가 정말 대단한 것 같아요. 어떻게 그런 순수한 동심을 표현할 수 있는지 궁금해요. '나는 너를 만나기 한 시간 전부터 설레기 시작해' '정말 중요한 것은 눈에 보이지 않아' 이런 말들이 너무 예쁘잖아요. 좀 더 겸손해지고 싶고, 순수해지고 싶다는 생각이 들 때 조금씩 읽어요.

조지 오웰의 『1984』도 재미있게 읽었어요. 조지 오웰의 인사이트에 감탄해요. 빅브라더 얘기한 게 지금 다 맞잖아요. 책에서 묘사한 빅브라더가 결국 CCTV인 셈이죠. 1940년대에 출판한 책이 맞나 싶을 정도로 통찰력이 있는 책이에요. 그리고 조정래 작가의 『태백산맥』『아리랑』『한강』, 그리고 박경리 작가의 『토지』도 좋아해요. 『삼국지』『초한지』『수호지』 같은 소설도 좋아하고요. 이문열 작가의 『우리들의 일그러진 영웅』도 좋죠.

편 책 선물을 많이 하시는데 이유가 있나요?

차 가장 적은 돈으로 가장 있어 보이는 선물인 것 같아요. 책을 선물하면 좀 달라 보이잖아요. 선물할 때는 메모지에 메시지를 적어서 같이 줘요. 받는 사람을 생각하면서 책을 고르죠. 선수들에게 읽기에 편한 책을 주로 선물했는데 김난도 교수의 『아프니까 청춘이다』, 혜민 스님의 『멈추면, 비로소 보이는 것들』을 선물했죠. 이렇게 선물했는데 어떤 선수는 라면 받침대로 쓴다고 하더라고요.^^

편 단장님의 장점과 단점은 뭐라고 생각하세요?

차 단점은 너무 많죠. 일단 일을 많이 하고, 일찍 출근하고 늦게 퇴근해서 직원들이 싫어해요. 좋은 상사는 아니죠. 이런 부분은 고칠 자신이 없어서 못 고치고 있어요. 장점으로는 적 없이 두루두루 사는 것이라고 생각해요. 제 신조가 약간 손해 보고 살자거든요. 손해 보더라도 모나지 않게 살자는 거예요. 어차피 해야 할 일이면 내가 하고, 어차피 책임질 거면 내가 책임지자는 성향이에요. 부모님께 잘 배웠다고 생각해요.

편 올해의 LG 과연 우승할 수 있을까요?

차 하고 싶어요. 정말 하고 싶습니다. 왜냐하면 팬들에게 너무 미안해요. 28년간 못했으니까요. 저를 위해서가 아니라 팬들에게 우승을 선물하고 싶어요. 물론 제가 하고 싶다고 되는 건 아니고 감독님과 현장에서 잘해줘야 하는데 정말 하고 싶어요.

편 단장님이 오시면서 LG 전력이 탄탄해졌다는 평가가 많은데 비결이 있을까요?

차 야구 용어 중에 '뎁스'라고 있어요. 특정 포지션에 유능한 선수가 많을 때, 다양하게 활용할 수 있는 자원이 많을 때 뎁스가 좋다고 해요. 화수분 야구를 해야 하는데 사실 LG는 그러지 못했어요. 그래서 이걸 어떻게 해결할까 고민했죠. 대부분의 사람들이 스카우트를 잘못해서 그렇다고 생각하는데 저는 교육의 문제라고 생각했어요.

제가 잘 쓰는 말 중에 이런 말이 있어요. '열 마리의 명마보다 한 사람의 백락이 낫다'는 중국 속담이에요. 백락은 중국 역사상 가장 위대한 말 조련사예요. 그러니까 좋은 말 열 마리가 있는 것보다 뛰어난 조련사 한 명이 더 좋다는 뜻이죠. 우리가 스카우트를 아무리 잘했어도 훈련이 잘못되면 야생마로 그치고 마는 거죠. 물론 조랑말을 훈련시킨다고 경주마가 되지 않는다는 건 저도 알아요. 하지만 프로구단에서 낙점할 정도의 선수라면 결국 핵심은 교육이라는 거죠. 그래서 저는 교육에 신경 썼어요. 제가 가지고 있던 교육 프로그램을 2군 코치들에게 다 전해줬어요. 밑에서부터 교육해야 하잖아요. 이제 3년째인데 빛을 발하고 있는 것 같아요.

지금 10개 구단에서 LG 트윈스가 가장 좋은 자원을 보유하고 있거든요. 그게 3년 전부터 실시한 교육 방법 덕분이라고 생각해요. 처음에는 불만이 엄청 많았어요. 현장에서 2군 코치들이 무슨 공부를 이렇게 많이 시키냐며 항의를 해서 당신들이 나보다 더 공부를 많이 해서 나를 설득시키면 교육 안 받아도 된다고 했어요.

지금은 저희가 가장 좋다는 평가를 받아요. 교육의 힘이 제일 크다고 봅니다. '하브루타'라는 유대인의 전통적 학습 방법을 차용해 교육했어요. 하브루타는 '짝을 지어 질문하고 대화, 토론, 논쟁하는 것'을 말해요. 유대인이 어떻게 세계 시장을 주름잡았냐를 보면 어릴 때부터 토론과 질문으로 교육을 받았기 때문이에요. 그걸 제가 벤치마킹한 거죠. 계속 끊임없이 질문하고, 피드백을 받고 선수가 스스로 얘기할 수 있도록 하는 방식이에요. 이제 조금씩 효력이 나타나는 것 같아요.

강구성 선수 퓨처스 힛포더사이클 시상

📕 마지막으로 프로야구프런트를 꿈꾸는 청소년들에게 응원의 메시지 부탁합니다.

📗 프로야구프런트, 괜찮은 직업입니다. 단, 스포츠를 좋아한다면. 정말로 스포츠를 좋아하는 분이 이 직업을 갖게 되면 직장과 본인이 하고 싶은 일, 두 가지를 동시에 할 수 있는 그런 경험을 할 수 있어요. 제가 프런트의 수장으로서 청소년 여러분들이 야구단뿐만 아니라 여러 스포츠의 프런트로 일하기를 적극 추천해요. 그런데 프로야구는 매일 경기를 하고, 그렇기 때문에 일희일비할 수 있는 여건들이 너무 강해요. 이긴 날은 좋고, 진 날은 슬프죠. 하지만 그것도 야구를 좋아한다면 얼마든지 감내할 수 있어요. 즐거움도 느낄 수 있고요. 야구에 대해 조금 더 공부해서 저와 같이 프런트 생활을 한다면 인생에서 굉장한 즐거움을 느낄 수 있다고 생각해요.

청소년들의 진로와 직업 탐색을 위한
잡프러포즈 시리즈 47

스포츠 매니아들의 꿈의 직장
프로야구프런트

2022년 3월 5일 | 초판 1쇄
2024년 4월 1일 | 초판 4쇄

지은이 | 차명석
펴낸이 | 유윤선
펴낸곳 | 토크쇼

편집인 | 김정희
디자인 | 이민정
마케팅 | 김민영

출판등록 2016년 7월 21일 제2019-000113호
주소 | 서울시 서초구 나루터로 69, 107호
전화 | 070-4200-0327
팩스 | 070-7966-9327
전자우편 | myys327@gmail.com
블로그 | http://blog.naver.com/talkshowpub
ISBN | 979-11-91299-51-9(43190)
정가 | 15,000원